쉽게 배우고
생활에 바로 쓰는

SEASON 4

능력
향상

컴퓨터 활용

㈜지이이에듀데크 지

iCox
Education by Sympathy

쉽게 배우고 생활에 바로 쓰는

컴퓨터 활용

초판 1쇄 인쇄	2022년 4월 18일
초판 1쇄 발행	2022년 4월 28일

지은이	㈜지아이에듀테크
펴낸이	한준희
펴낸곳	㈜아이콕스

기획/편집	아이콕스 기획팀
디자인	김보라
영업	김남권, 조용훈, 문성빈
마케팅	한동우
영업지원	손옥희

Education by Sympathy

주소	경기도 부천시 조마루로385번길 122 삼보테크노타워 2002호
홈페이지	www.icoxpublish.com
쇼핑몰	www.baek2.kr (백두도서쇼핑몰)
이메일	icoxpub@naver.com
전화	032-674-5685
팩스	032-676-5685
등록	2015년 7월 9일 제 386-251002015000034호
ISBN	979-11-6426-208-3 (13000)

30년째 컴퓨터를 교육면서도 늘 고민합니다. "더 간단하고 쉽게 교육할 수는 없을까? 더 빠르게 마음대로 사용하게 할 수는 없을까?" 스마트폰에 대한 지식이 없는 4살 먹은 어린아이가 스마트폰을 가지고 놀면서 스스로 사용법을 익히는 것을 보고 어른들은 감탄합니다.

그렇습니다. 컴퓨터는 학문적으로 접근하면 배우기 힘들기 때문에 아이들처럼 직접 사용해 보면서 경험적으로 습득하는 것이 가장 빠른 배움의 방식입니다. 본 도서는 저의 다년간 현장 교육의 경험을 살려 책만 보고 무작정 따라하다 발생할 수 있는 실수와 오류를 바로잡았습니다. 컴퓨터를 활용하는 데 꼭필요한 핵심 내용을 중심으로 집필했기 때문에 예제를 반복해서 학습하다 보면 어느새 원리를 이해하고, 활용할 수 있는 단계에 오르게 될 것입니다.

쉽게 배우고 생활에 바로 쓸 수 있게 집필된 본 도서로 여러분들의 능력이 향상되기를 바랍니다. 물론 본 도서는 여러분의 컴퓨터 능력을 향상시킬 수 있는 수많은 방법 중 한 가지라는 말씀도 드리고 싶습니다.

교육 현장에서 늘 하는 말이 있습니다.
"컴퓨터는 종이다. 종이는 기록하기 위함이다."
"단순하게, 무식하게, 지겹도록, 단.무.지.반! 하십시오."
처음부터 완벽하지는 않겠지만 차근차근 익히다 보면 어느새 민족할 민한 수준의 사용자로 우뚝 서게 될 것입니다.

끝으로 이 책이 나올 수 있도록 도움을 주신 지아이에듀테크, ㈜아이콕스의임직원 여러분들께 감사의 마음을 전합니다.

㈜지아이에듀테크

★ 각 CHAPTER 마다 동영상으로 더 쉽게 학습할 수 있도록 QR 코드를 담았습니다.
QR 코드로 학습 동영상을 시청하는 방법은 다음과 같습니다.

01 Play스토어에서 네이버 앱을 ❶설치한 후 ❷열기를 누릅니다.

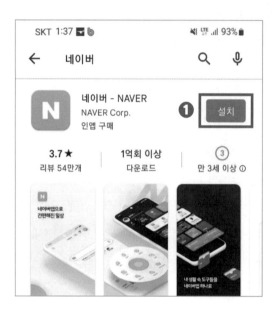 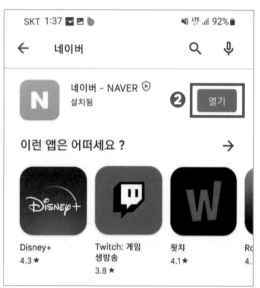

02 네이버 앱이 실행되면 하단의 ❸동그라미 버튼을 누른 후 ❹렌즈 메뉴를
선택합니다.

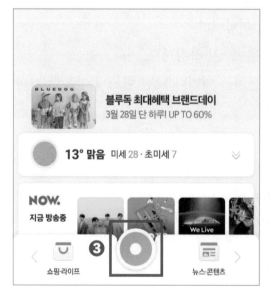 

03 본 도서에서는 Chapter별로 상단 제목 오른쪽에 ❺QR 코드가 있습니다. 스마트폰의 화면에 QR 코드를 사각형 영역에 맞춰 보이도록 하면 QR 코드가 인식되고, 상단에 동영상 강의 링크 주소가 나타납니다. ❻동영상 강의 링크 주소를 눌러 스마트폰으로 학습할 수 있습니다.

유튜브에서 동영상 강의 찾기

유튜브(www.youtube.com)에 접속하거나, 유튜브 앱을 사용하고 있다면 **지아이에듀테크**를 검색하여 동영상 강의를 들을 수 있습니다. **재생목록** 탭을 누르면 과목별로 강의를 찾아볼 수 있습니다.

목 차

목 차

Chapter 01

파일 빠르게 찾아내기

컴퓨터는 저장을 하는 장치이며, 윈도우는 저장된 것을 쉽고 빠르게 찾아서 사용자에게 보여주는 것입니다. 헤매지 않고 빠르게 내가 찾고자 하는 내용이 어디에 있는지 파일 시스템에 접근을 용이하게 하는 파일 탐색기를 살펴보고, 탐색기 환경에서 파일 및 폴더를 관리하는 방법에 대해 알아보도록 하겠습니다.

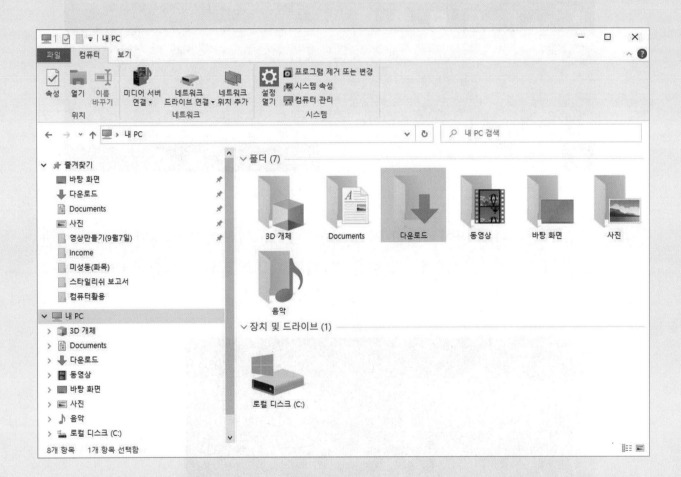

무엇을 배울까?

01. 앱 빠르게 찾기

02. 파일 탐색기 화면구성 살펴보기

03. 아이콘 보기 방식 변경하기

04. 자주 가는 폴더 즐겨찾기에 추가하기

05. 즐겨찾기 목록 제거하기

01 화면 왼쪽 아래에 있는 돋보기 또는 검색상자를 클릭한 후 원하는 앱(프로그램)의 이름을 입력합니다. 이때 첫 글자를 입력하면 바로 나오기도 합니다.

02 그림판을 찾아서 열어보려면 첫 글자인 "그"를 입력하면 아래와 같이 그림판 앱이 나옵니다. 클릭해서 그림판을 열어본 후 우측 상단의 창닫기 버튼을 눌러 그림판을 닫아보세요.

03 이번에는 **계산기**를 찾아서 열어본 후 계산기 앱을 닫아보세요.

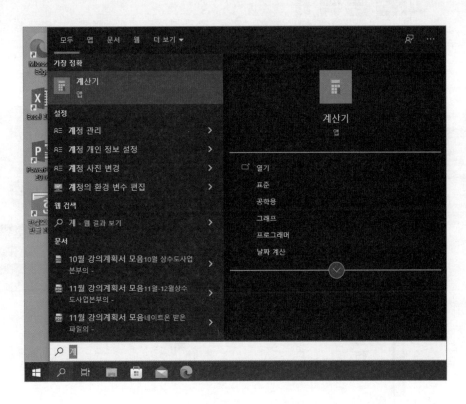

04 포스트잇 같이 메모할 수 있는 **스티커 메모**를 찾아서 열어본 후 앱을 닫아보세요.

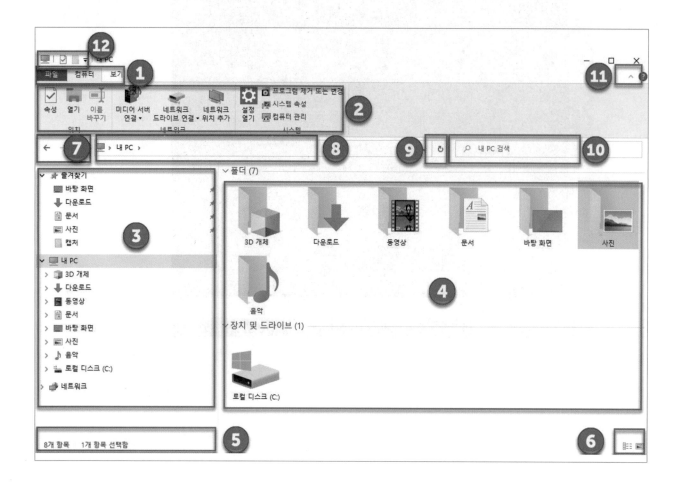

❶ 메인 메뉴 : 클릭하면 리본 메뉴가 펼쳐집니다.

❷ 리본 메뉴줄 : 메인 메뉴에 해당하는 서브 메뉴입니다.

❸ 탐색 창 : 즐겨찾기, 바로가기, 라이브러리, 폴더를 보여줍니다.

❹ 내용 창 : 폴더 또는 라이브러리 자체가 표시되거나 폴더 안의 파일들이 목록으로 표시됩니다.

❺ 상황표시 : 폴더 또는 파일이 몇 개이며, 몇 개를 선택했으며 파일의 크기는 어느 정도인지
표시합니다.

❻ 아이콘 보기 : 아이콘을 자세히, 큰 아이콘으로 볼 수 있습니다.

❼ 뒤로/앞으로/상위로 : 열어봤던 이전 내용창과 다음 창 그리고 상위 폴더로 이동합니다.

❽ 주소 표시줄 : 현재 폴더 또는 라이브러리의 위치를 알려주거나 이동할 수 있습니다.

❾ 새로 고침 : 탐색 창과 내용 창을 다시 불러와서 보여줍니다.

❿ 검색 상자 : 폴더나 라이브러리에서 파일을 검색해줍니다.

⓫ 접기/펼치기 : 리본 메뉴를 접거나 펼칠 수 있습니다.

⓬ 빠른 실행도구 : 자주 사용하는 기능을 추가할 수 있습니다.

01 파일 탐색기를 실행한 후 ❷주소표시줄을 확인합니다. 탐색 창에서 ❶사진을 클릭한 후 ❷주소 표시줄의 변화되는 것을 확인합니다. 내용 창에서 ❸저장된 사진 폴더를 더블클릭합니다.

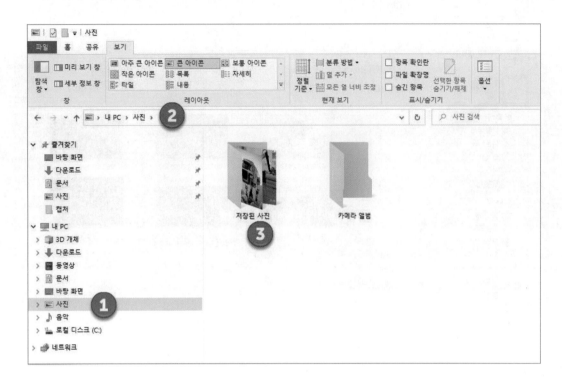

02 ❹주소표시줄이 현재 어떤 폴더에 있는지 알려줍니다. 현재는 내PC ▶ 사진 ▶ 저장된 사진 순서대로 주소가 표시되어 있습니다. (처음 사용할 경우는 비어있는 폴더입니다.)

03 ❺이전 버튼을 클릭하면 **저장된 사진** 이전 창이었던 **사진**으로 이동해서 보여주게 됩니다. 더 이상 이전 폴더가 없으면 비활성화(회색)되어 표시됩니다.

04 현재 사진 라이브러리에서 저장된 사진 폴더를 본 적이 있으므로 ❻다음 버튼을 클릭하면 이전에 봤던 저장된 사진 폴더로 이동하게 됩니다.

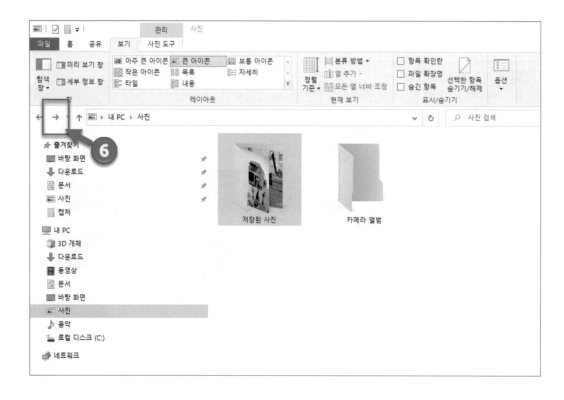

01-3 ··· 라이브러리 나타내기

01 탐색 창에 라이브러리를 표시하기 위해 ❶보기 메뉴에서 ❷탐색 창을 클릭한 후 ❸라이브러리 표시를 클릭합니다.

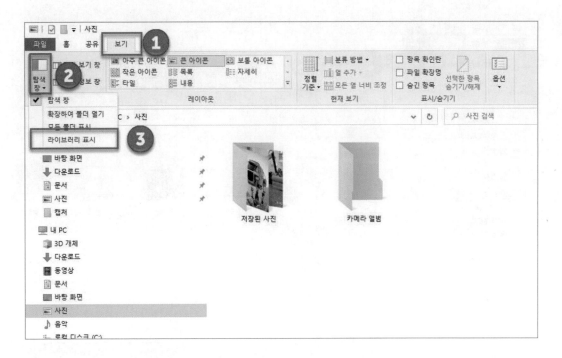

02 내 PC 아래로 라이브러리가 표시되는데 윈도우7에서 사용하던 기능으로 보여질 필요가 없다면 다시 표시하지 않도록 합니다.

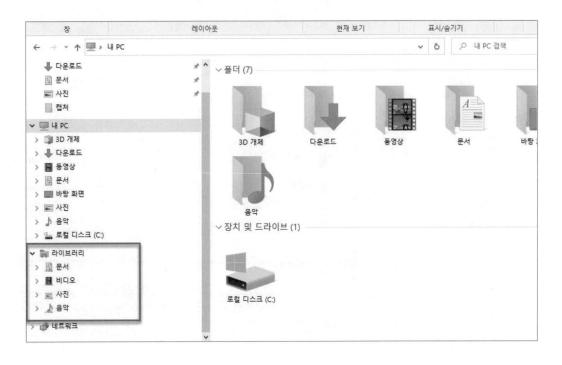

01-4 ··· 아이콘 보기 방식 변경하기

01 내 PC를 클릭한 후 **아주 큰 아이콘**으로 보기 방식을 변경하려면 **❶보기** 메뉴를 클릭한 후 **❷아주 큰 아이콘**을 클릭합니다.

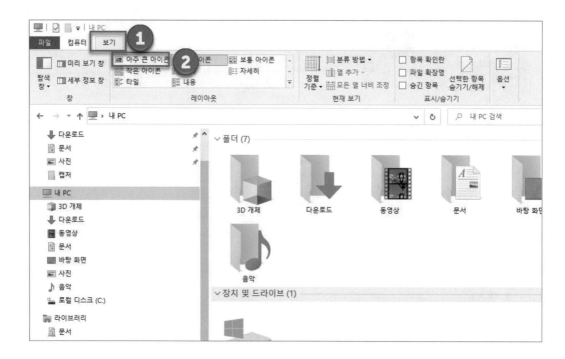

02 **레이아웃** 그룹에서 표시 방식을 큰 아이콘, 보통 아이콘, 작은 아이콘, 목록, 자세히, 타일, 내용 순서로 바꿔보세요.

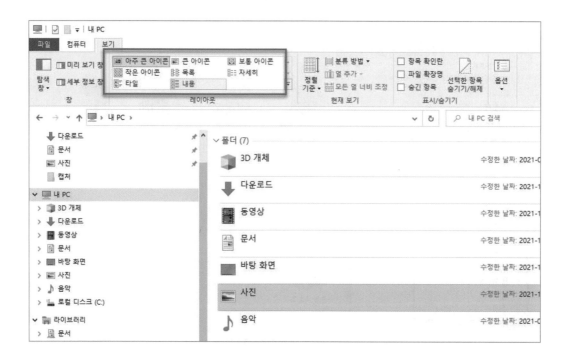

03 내 PC 창의 우측 하단에 보이는 **자세히**와 **큰 아이콘**을 클릭해서 보는 방식을
변경할 수 있습니다.

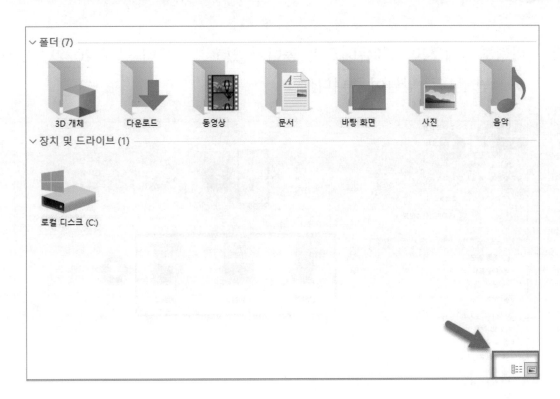

※ 키보드 [Ctrl]을 누른 상태에서 마우스 휠을 위/아래로 굴리면 아이콘 보기방식이 아주 큰 아이
콘, 큰 아이콘, 보통 아이콘, 작은 아이콘, 목록, 자세히, 타일, 내용 순서로 변경됩니다.

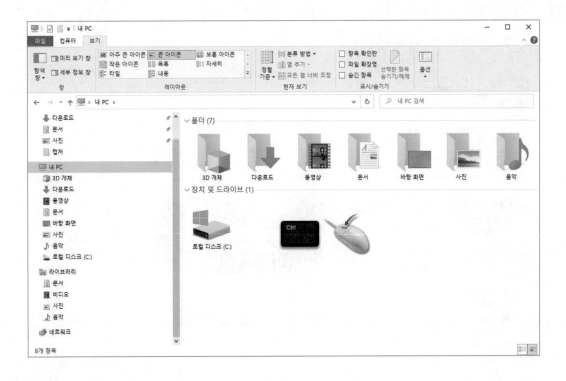

01 바탕화면에 **지아이에듀테크**란 폴더가 있고, 그 폴더 안에 2022년, 2023년, 2024년 폴더를 만들어 줍니다.

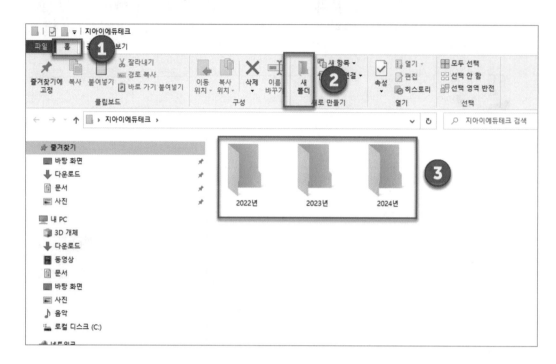

02 ①2022년 폴더를 더블클릭해서 폴더를 열어준 후, 홈 리본 메뉴에서 ②즐겨 찾기에 고정을 선택합니다.

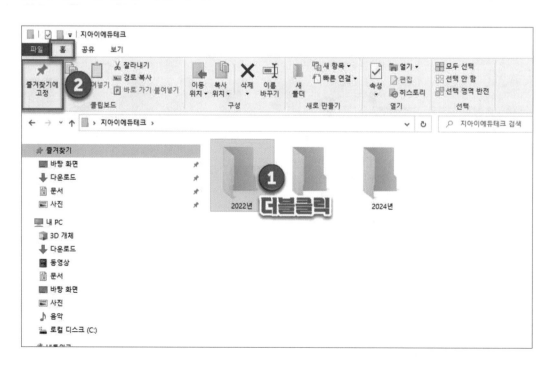

03 아래의 그림과 같이 2022년 폴더가 즐겨찾기에 추가된 것을 확인할 수 있습니다.

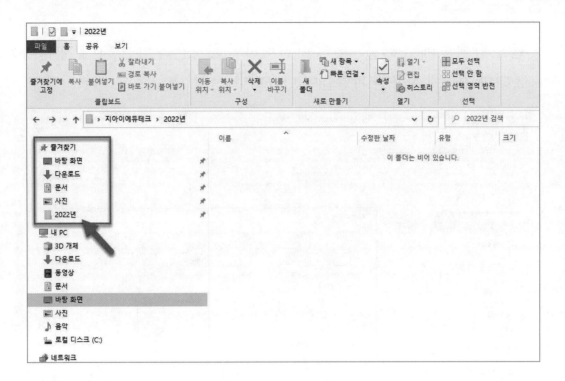

04 추가된 즐겨찾기 폴더를 삭제하기 위해 ❶2022년 폴더에 **마우스 오른쪽 버튼**을 클릭한 후 ❷**즐겨찾기에서 제거**를 선택합니다. (원본 폴더가 삭제되는 것이 아니고 즐겨찾기에서 제거만 됩니다.)

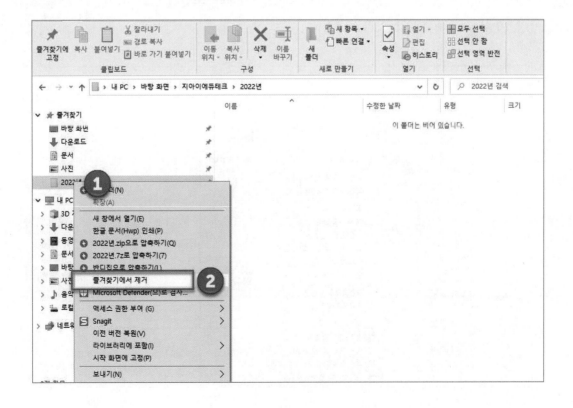

01 왼쪽 탐색 창에서 ❶즐겨찾기를 클릭하면 ❷오른쪽 내용 창에 자주 사용하는 폴더와 최근에 사용한 파일들이 나옵니다.

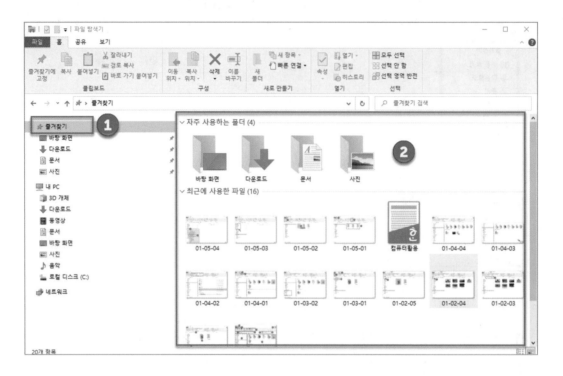

02 ❶최근에 사용한 파일 그룹에 마우스 오른쪽 버튼을 클릭한 후 ❷즐겨찾기에서 제거를 클릭합니다.

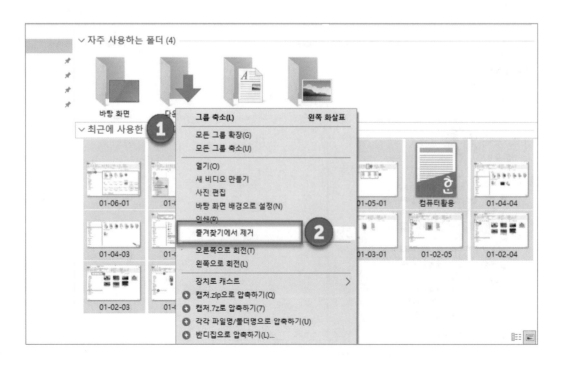

01-7 ··· 자동으로 추가된 즐겨찾기 한 번에 제거하기

01 탐색 창의 즐겨찾기에 아래처럼 고정된 것이 많으면 오히려 찾기가 불편해집니다.

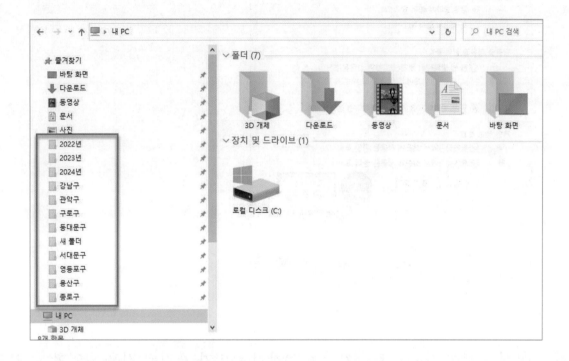

02 한꺼번에 제거하는 두 번째 방법으로, ❶즐겨찾기에서 마우스 오른쪽 버튼을 클릭한 후 ❷옵션을 클릭합니다.

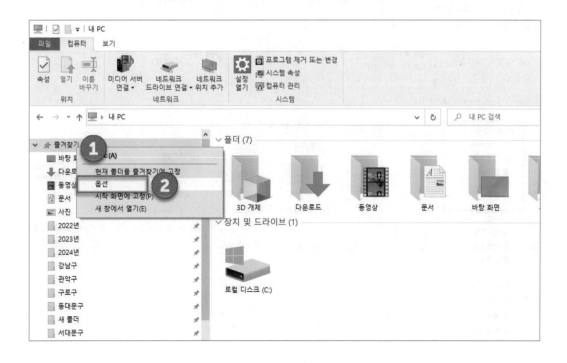

03 폴더옵션 대화상자에서 파일 탐색기 기록 지우기에 있는 ❸지우기를 클릭합니다.

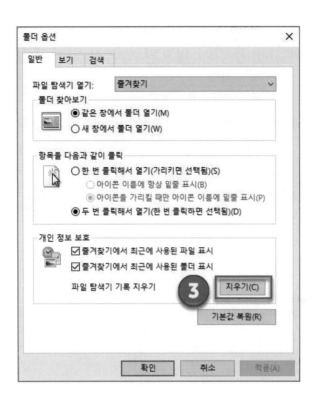

04 아래와 같이 자동으로 추가된 즐겨찾기 폴더가 제거된 것을 확인할 수 있습니다. 즐겨찾기에 고정을 한 것과 자동으로 추가된 것을 제거하는 방법이 다릅니다.

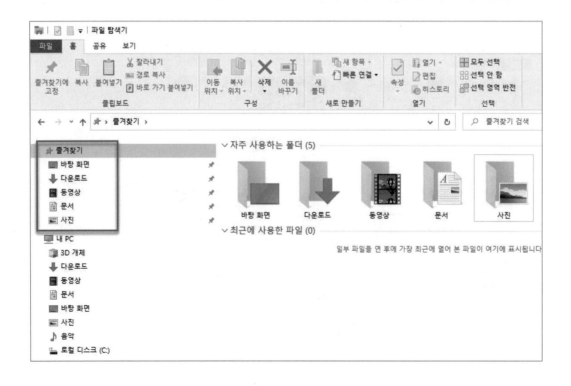

혼자 해 보기

1 파일탐색기의 왼쪽 탐색 창에 **라이브러리**를 표시해 보세요.

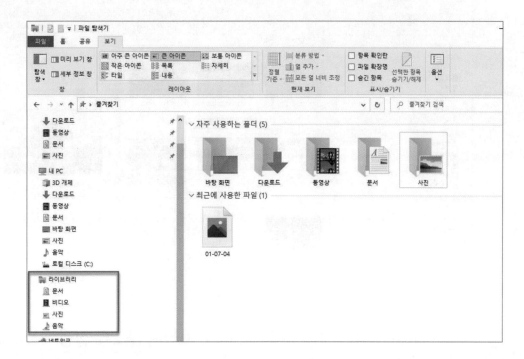

2 로컬디스크(C:)에 본인의 이름으로 폴더를 만든 후 즐겨찾기에 고정해 보세요.

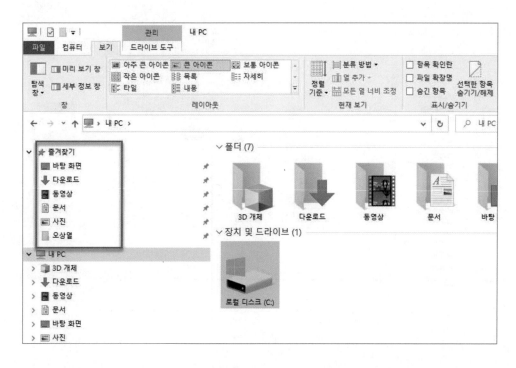

❸ 미리 보기 창을 활성화시켜 보세요.

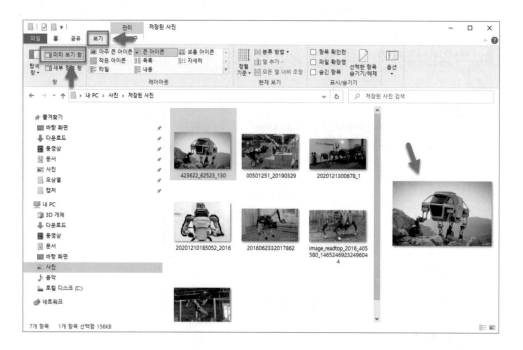

❹ 앞 과정에서 설정한 것을 원래대로 다시 보이지 않도록 설정해 보세요.
라이브러리 표시하지 않기, 즐겨찾기 고정해제, 미리보기 창 해제를 합
니다.

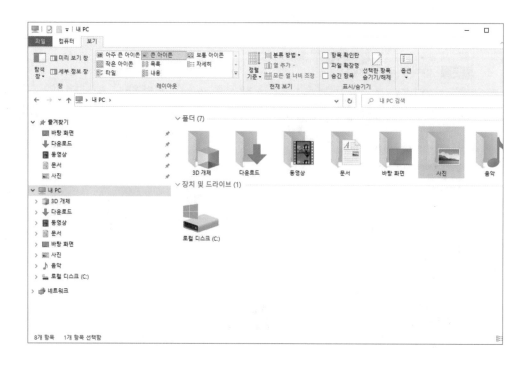

윈도우10 문서가 Documents로 바뀌었을 때 해결하는 방법

어느 날부터 파일 탐색기에 문서가 Documents로 바뀌어서 그냥 사용하고 있는데 다른 다운로드, 동영상, 바탕 화면, 사진, 음악은 한글인데 문서만 영어로 나와 있어서 다시 문서로 바꾸려고 할 때 사용해 보세요.

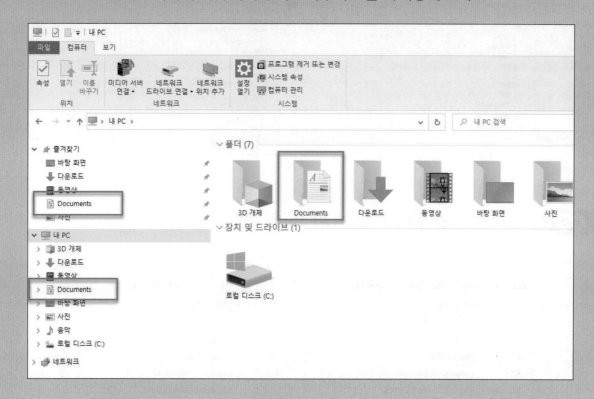

01 바탕화면에 보이는 USER 폴더를 더블클릭으로 들어갑니다.

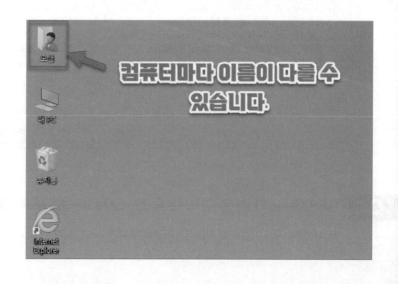

02 영어로 변경된 **❶Documents**에서 마우스 오른쪽 버튼을 클릭해서 **❷속성**을 클릭합니다.

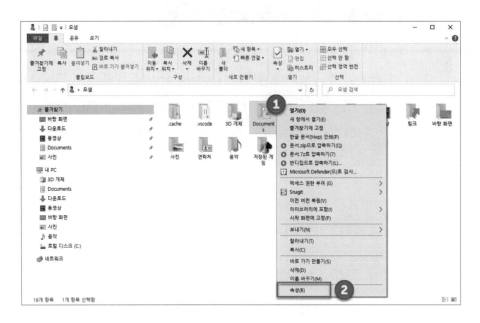

03 Documents를 **문서**로 이름을 변경한 후 **확인**을 클릭합니다.

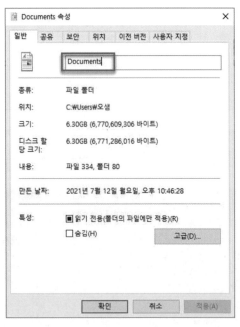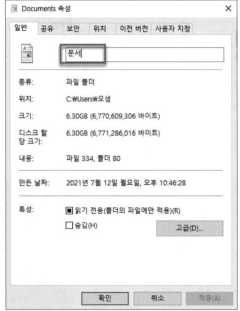

04 파일 탐색기 창을 모두 닫은 후, 다시 파일 탐색기를 실행하면 변경된 문서로 보이게 됩니다. 혹시 그대로 영어로 보이면 키보드 `F5`를 몇 번 눌러보세요.

파일 및 폴더 관리하기

파일을 체계적으로 관리하기 위해 폴더를 만들고 빠른 작업을 하기 위해 파일을 정리하고 폴더를 정돈할 수 있게 복사 및 이동하는 방법에 대해 알아보도록 하겠습니다.

 무엇을 배울까?

01. 폴더 만들기
02. 폴더 정리/정돈하기
03. 인터넷 사진 다운로드하기

04. 파일형식 보기와 변경하기
05. 숨긴 파일 보이게 하기

01 파일 탐색기를 실행한 후 탐색 창의 ❶사진을 클릭한 후 ❷홈 리본 메뉴에서 ❸새 폴더를 클릭합니다.

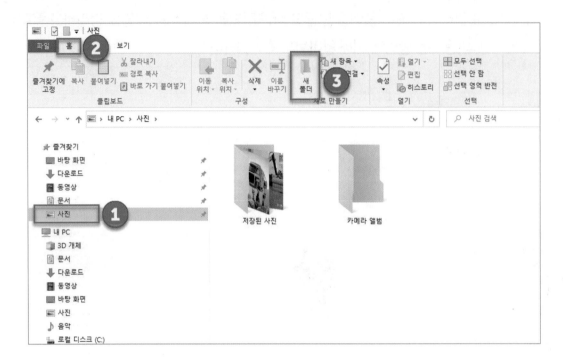

02 새 폴더가 만들어지면 글자를 지운 후, **설악산**을 입력하고 Enter 를 눌러서 폴더를 완성합니다.

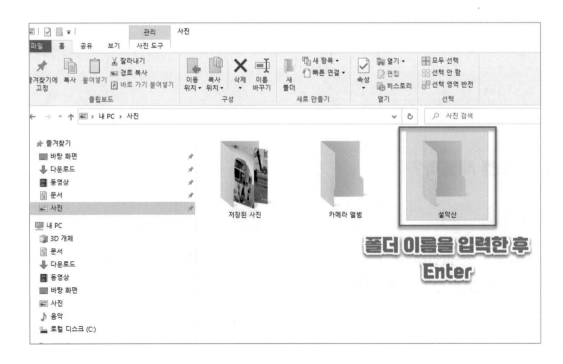

03 동일한 방식으로 백두산, 한라산, 지리산, 월악산을 만들어 줍니다.

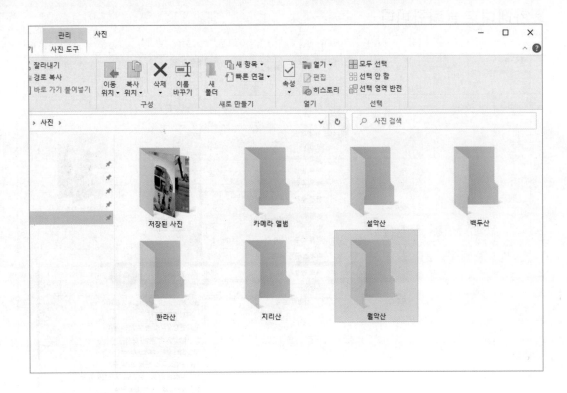

04 폴더를 새로 만들 때마다 자동으로 가, 나, 다 순서대로 자동으로 정렬이 안되면, 키보드 F5 눌러 새로고침을 하거나, 마우스 오른쪽 버튼을 클릭한 후 **정렬방식 - 이름 - 오름차순**을 차례대로 클릭하면 정렬이 됩니다.

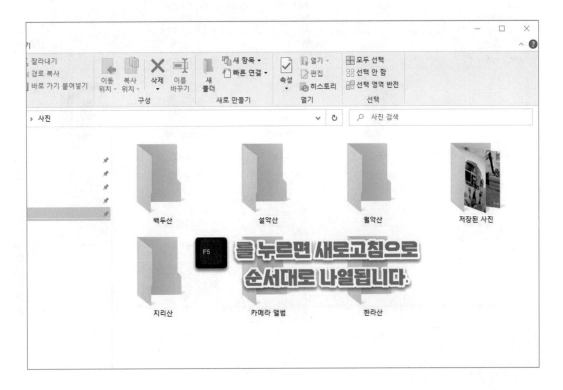

05 ❶사진 폴더에서 마우스 오른쪽 버튼을 클릭한 후 ❷새로 만들기 - ❸폴더를 차례대로 클릭합니다.

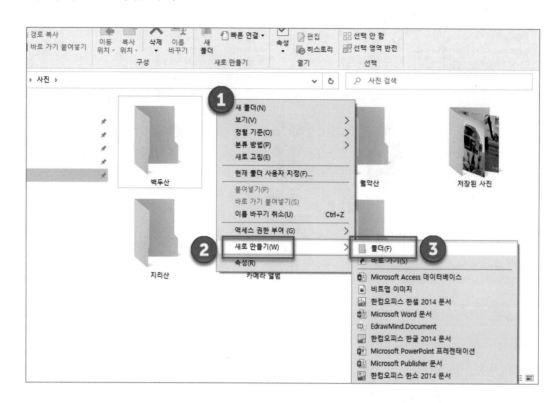

06 소양강, 낙동강, 금강, 영산강을 차례대로 동일한 방식으로 만들어줍니다.

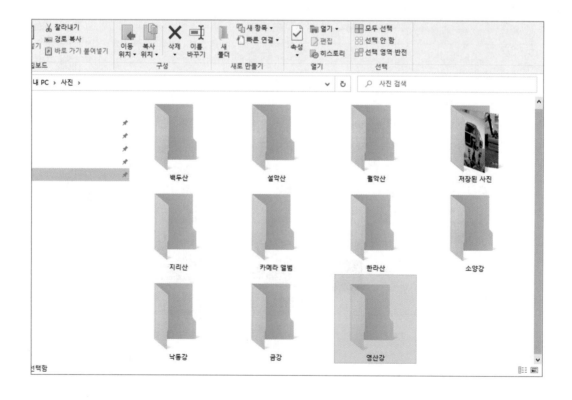

01 사진 폴더에 **한국의 산** 폴더와 **한국의 강** 폴더를 만들어 줍니다.

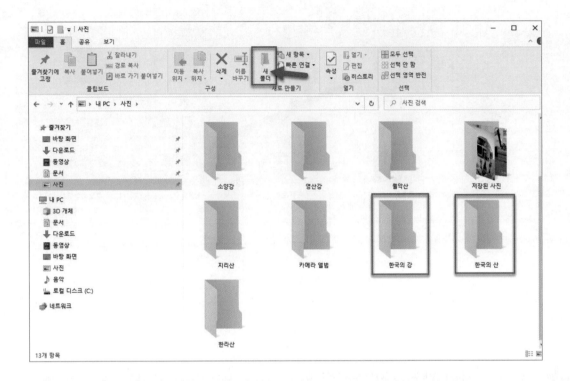

02 백두산, 설악산, 월악산, 지리산, 한라산 폴더를 **한국의 산** 폴더로 드래그해서 이동시켜 줍니다.

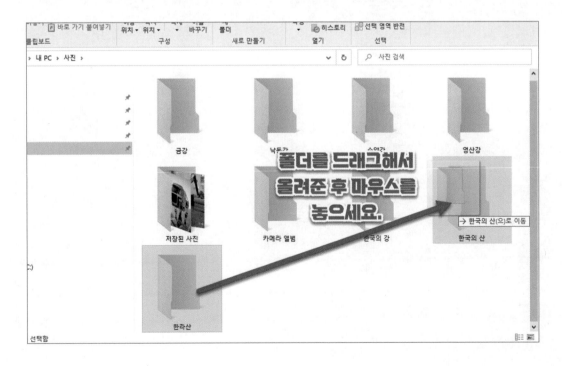

03 금강, 낙동강, 소양강, 영산강 폴더를 차례대로 하나씩 **한국의 강** 폴더로 드래그해서 이동시켜 놓습니다.

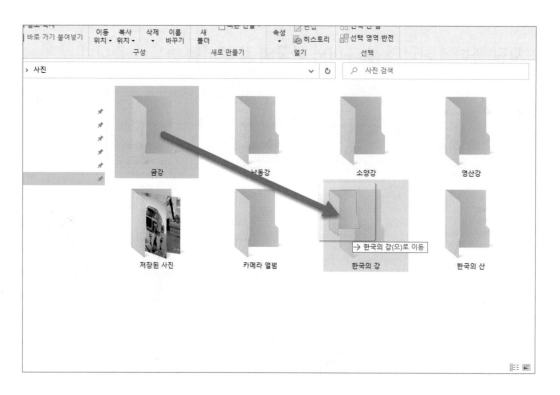

04 아래와 같이 관계나 연관성이 있는 폴더나 파일을 모아두는 것이 **폴더의 역할**입니다. 관련 있는 폴더의 **정리/정돈**을 몰아서 하지 않고, 사용할 때부터 **정리/정돈** 습관을 들여놓아야 합니다.

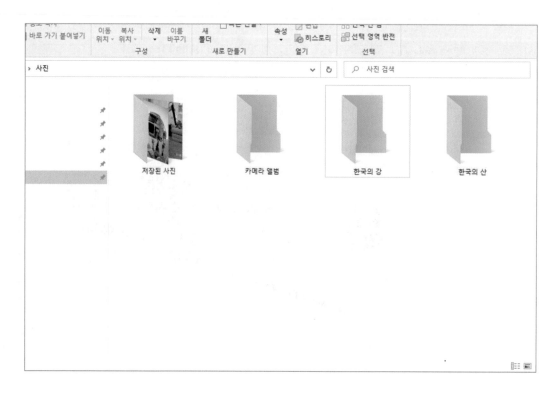

01 바탕화면에 있는 엣지 브라우저를 실행한 후 구글(Google) 사이트로 이동합니다.

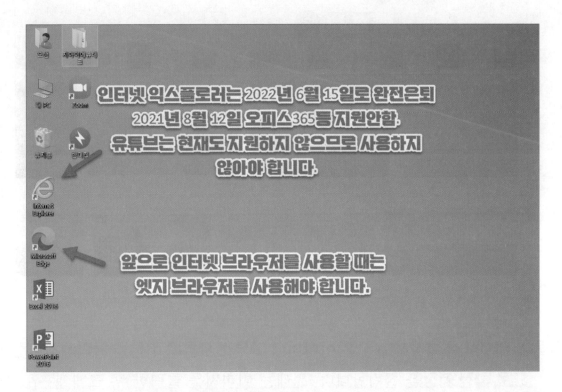

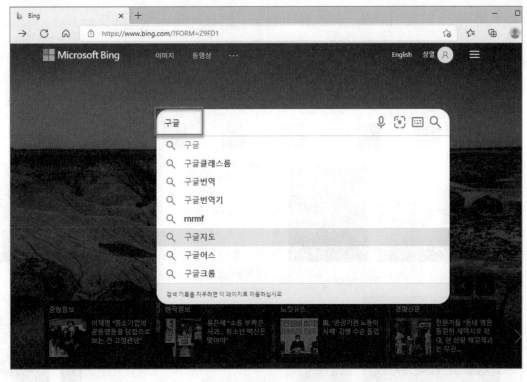

02 구글 사이트가 열리면 **❶설악산을 검색**한 후 **❷이미지**를 선택하면 설악산 이미지가 나오게 됩니다.

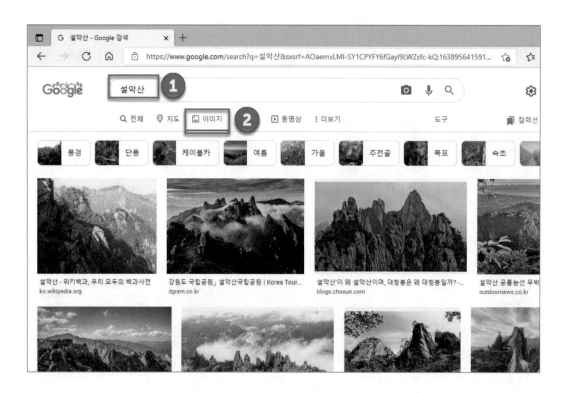

03 썸네일에서 저장하고 싶은 이미지에 **마우스 오른쪽 버튼을 클릭**해서 **다른 이름으로 사진 저장**을 클릭합니다. 원래는 이미지를 클릭한 후 크게 본 후 저장해야 하지만 연습이므로 작은 썸네일로 작업을 하도록 합니다.

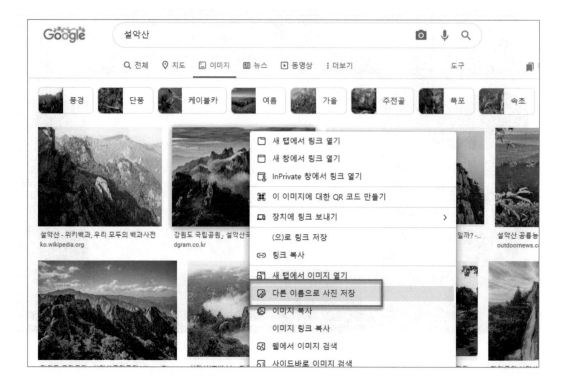

04 탐색 창에서 ❶사진을 클릭한 후 ❷한국의 산을 더블클릭해서 열어줍니다.

05 산 이름의 폴더가 보이는데 어떤 폴더를 열어서 저장해야 할까요? 여기서는 설악산 이미지이므로 당연히 **설악산** 폴더를 더블클릭해서 열어줍니다.

06 파일 이름에 **❶설악산의 아침**을 입력한 후 **❷저장**을 클릭하면 사진을 해당 폴더에 저장하게 됩니다.

07 다운로드(저장)가 되는 장면이 오른쪽 상단에 보이는데 완료된 후 시간이 지나면 자동으로 보이지 않게 됩니다. **백두산, 지리산, 한라산, 월악산, 금강, 낙동강, 영산강, 소양강**을 차례대로 검색해서 동일한 방법으로 각 폴더에 저장해 보세요.

02-4 ··· 파일형식 보기와 변경하기

01 사진 폴더에 저장한 **한국의 산 - 설악산** 폴더를 차례대로 열어서 보면 큰 아이
콘으로 이미지가 표시되고 있습니다.

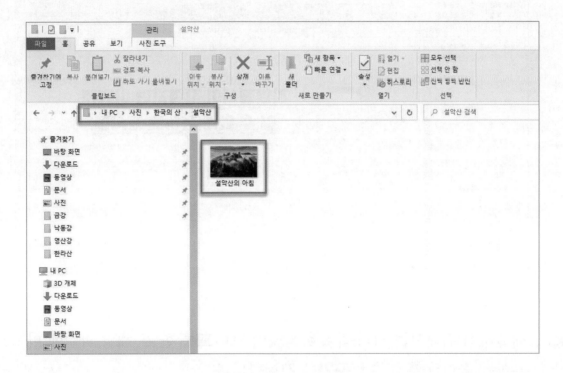

02 ❶보기 메뉴를 클릭한 후 표시/숨기기 그룹에서 ❷파일 확장명을 체크하면
❸파일형식이 보이게 됩니다.

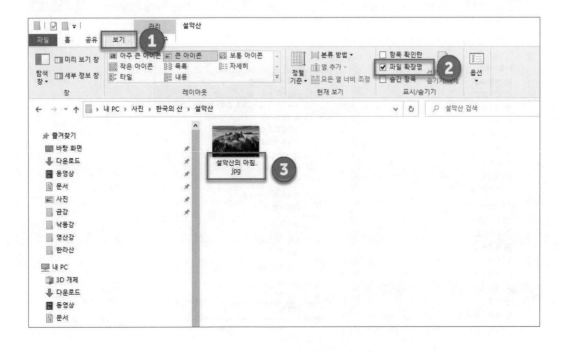

03 인터넷에서 사진을 저장할 경우 아래와 같이 종이모양으로 표시가 될 경우가 있는데 파일형식을 잘못 지정한 결과입니다. 물론 파일형식을 보이도록 하면 사진을 저장할 경우 실수할 경우가 많으므로 보이지 않도록 하는 것이 좋습니다.

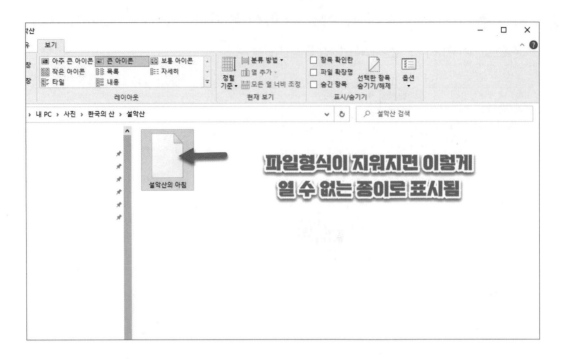

04 해결하기 위해서는 위의 **파일 확장명**이 보이도록 한 후 해당 파일에 마우스 오른쪽을 클릭한 후 **이름 바꾸기**를 선택합니다.

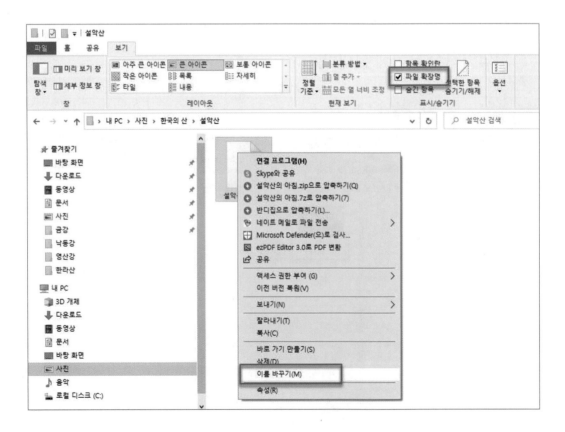

05 파일 이름 뒤에 커서를 위치시킨 후 **.JPG**를 입력한 후 [Enter]를 누릅니다. (점을 입력한 후 한 칸 띄우면 안됩니다)

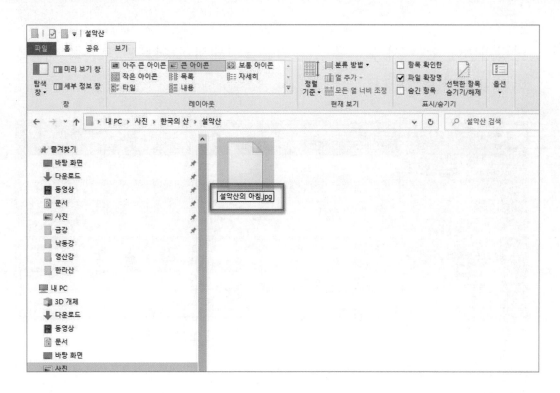

06 아래와 같이 사진이 보이게 됩니다. 가급적 파일 확장명의 체크를 해제하고 사용하는 것이 맞지만, 상황에 따라 표시를 해야할 경우가 발생하므로 이러한 방법을 사용해서 대처하십시오.

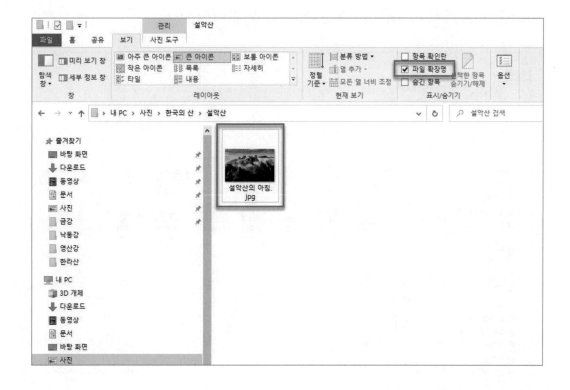

02-5 ··· 숨긴 항목 보이게 하기

01 바탕화면에 있는 사용자 폴더를 더블클릭해서 열어보면 오른쪽 내용창에 폴더와 파일이 보입니다.

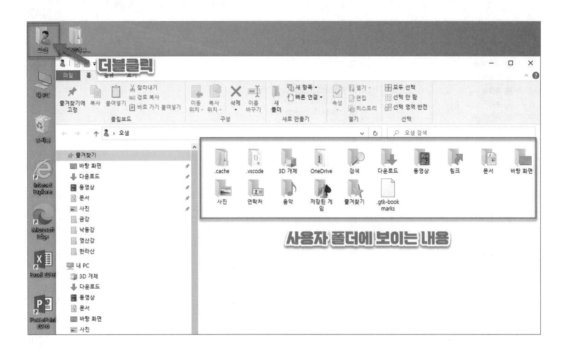

02 ❶보기 메뉴를 클릭한 후 표시/숨기기 그룹의 ❷숨긴 항목을 체크하면 숨겨져 보이지 않던 ❸AppData라는 폴더가 보입니다.

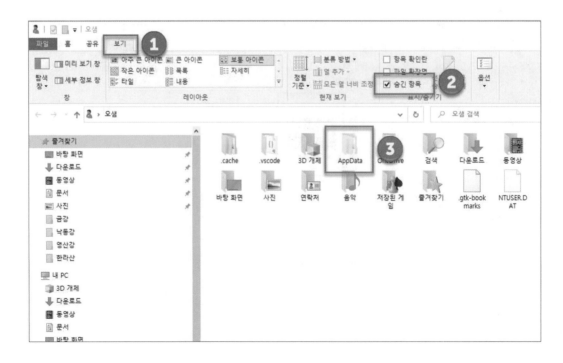

혼자 해 보기

1 앞 과정에서 작업했던 **한국의 산, 한국의 강** 폴더를 **대한민국**이란 폴더로 이동시켜 보세요.

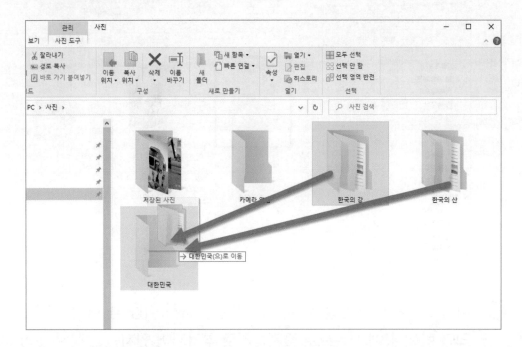

2 **보기** 메뉴에서 **숨긴 항목**을 해제해 보세요.

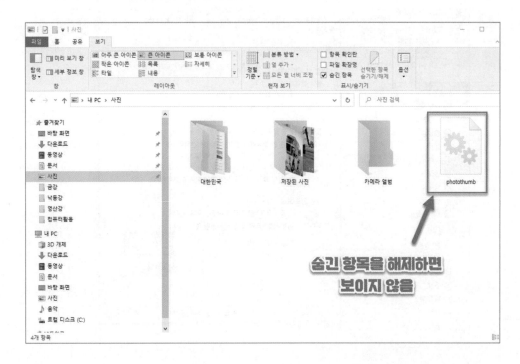

숨긴 항목을 해제하면
보이지 않음

❸ 위에서 작업한 **대한민국** 폴더 이름을 마우스 오른쪽 버튼을 클릭해서 **금수강산**으로 이름을 바꿔 보세요.

❹ 파일 탐색기를 이용할 때 폴더를 만들고 복사/이동 등 파일 작업을 하게 되면 **탐색 창**에 자동으로 즐겨찾기로 추가되어 있지만 고정된 것이 아닌 폴더들을 즐겨찾기에서 한 번에 제거해 보세요.

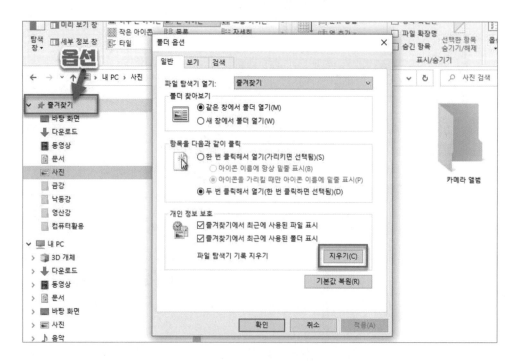

윈도우에서 사용하는 앱의 AppData 폴더를 표시하거나 삭제하는 방법

윈도우에서 설치되어 사용되는 앱(App)은 종종 데이터 및 설정 내용을 AppData 폴더에 저장합니다. 딱히 사용자계정 폴더에 접속할 일이 없어서 몰랐지만 특정 앱의 설정프로그램을 백업할 일이 있을 때 알아두면 활용할 일이 많습니다.

■ AppData 포함 폴더

AppData에는 세 개의 폴더 Local, LocalLow, Roaming이 존재하며, 각기 다른 유형의 설정을 저장합니다.

■ AppData 백업

대부분의 윈도우 사용자는 이 폴더가 어디에 있는지조차 알 필요가 없기 때문에 기본적으로 숨겨져 있습니다. 이 폴더 전체를 백업할 필요는 없지만 모든 폴더를 백업에 포함하여 복원해야하는 경우에는 전체 폴더를 백업해야 합니다.

■ C드라이브 용량 늘리기

01 파일 탐색기에서 사용자 이름을 들어가서 **보기 - 숨긴 항목**을 차례대로 클릭하면 **AppData** 폴더가 보입니다.

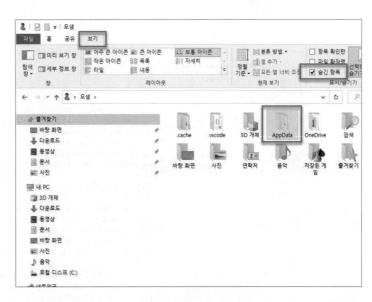

02 AppData폴더를 더블클릭한 후 **Local - Temp** 폴더를 차례대로 더블클릭해서 폴더를 들어갑니다.

03 모든 내용을 선택한 후 삭제를 하면 용량이 쑥 늘어나게 됩니다. 컴퓨터를 오래 사용하고 정리를 하지 않았으면 그 용량은 확실하게 많이 늘어나게 됩니다. ❶**홈** 메뉴를 클릭한 후 ❷**모두 선택**을 누른 후 ❸**삭제**를 클릭해서 모두 제거합니다.

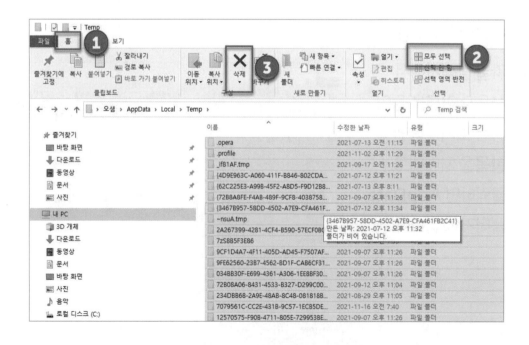

04 폴더 액세스가 거부되었다는 상자가 나오면 **모든 항목에 같은 작업 실행**을 체크한 후 **계속**을 클릭합니다.

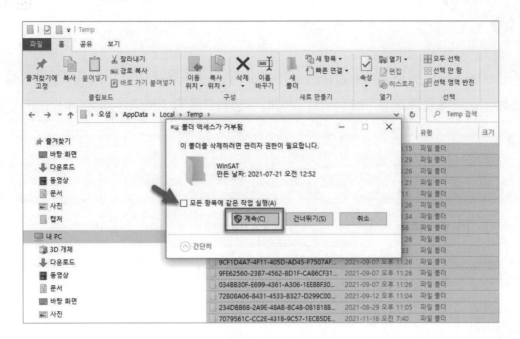

05 폴더 액세스가 거부됨 이란 대화상자가 아래처럼 나오게 되면 현재 사용중인 앱이 있어서 나오는 것이므로 **모든 항목에 같은 작업 실행**을 체크한 후 **건너뛰기**를 클릭합니다.

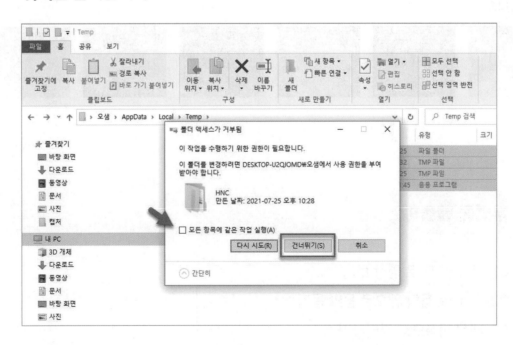

듣고 보고 즐겁게 놀기

윈도우10은 기본적으로 영화 및 TV 앱을 제공합니다. 이 앱을 이용을 해서 영화 및 TV 시청을 할 수 있습니다. Groove 음악 앱을 이용하여 음악을 감상하는 방법으로 즐겨보도록 하겠습니다.

← 영화 및 TV   − □ ×

개인   🔍 ⋯

| 📱 비디오 폴더 | 🔋 이동식 저장소 | 📲 미디어 서버 |

정렬 기준: 추가한 날짜

모든 폴더

Videos
2 항목

＋
폴더 추가

모든 비디오

목마와 숙녀
구두코 풀어오는 사랑입니다
시/박인환

🔍 무엇을 배울까?

01. 영화 및 TV로 영상 보기

02. Groove 음악 앱으로 음악 듣기

03. 재생 목록으로 관리하기

03-1 ··· 영화 및 TV 보기

01 동영상이 컴퓨터에 저장되어 있지 않으면 따라할 수 없으므로 먼저 샘플 동영
상을 다운로드합니다. 엣지 브라우저를 실행한 후 **픽사베이**를 검색합니다.

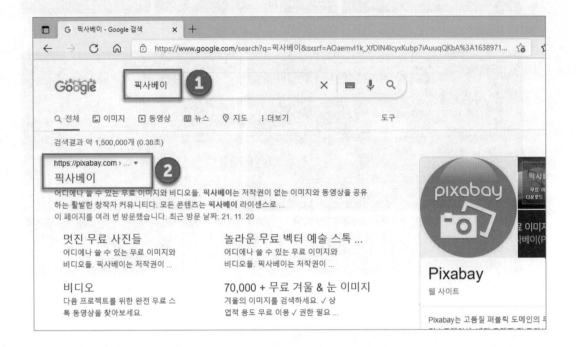

02 ❶seoul을 입력한 후 ❷항목(∨)을 클릭해서 ❸비디오를 선택합니다.

03 재생 시간이 30초가 넘지 않는 영상을 골라서 선택합니다. 다운로드가 오래
걸릴 수 있기 때문에 가급적 30초로 짧은 것을 선택합니다.

04 우측 하단의 **무료 다운로드** 버튼을 클릭합니다.

05 해상도가 1280×720으로 선택되어 있는데 혹시 더 큰 사이즈가 제시되어 있으면 1920×1080으로 변경한 후 **다운로드**를 클릭합니다.

06 이렇게 픽사베이에서 동영상을 한 개 다운로드를 받았습니다. 동일한 방법으로 car, tiger, dog를 각각 검색한 후 다운로드를 받도록 합니다. 모두 다운로드를 했다면 엣지 브라우저 앱을 닫아줍니다.

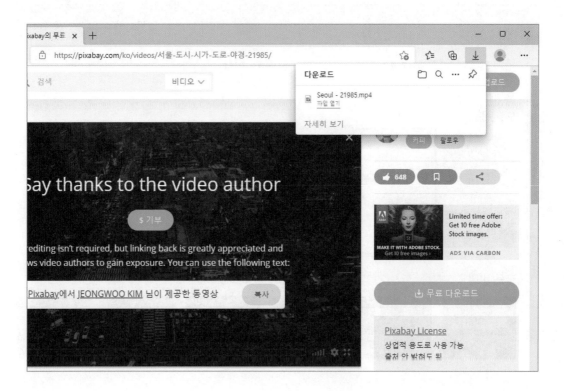

07 바탕화면에서 왼쪽 아래에 있는 **시작**을 클릭한 후 **영화 및 TV** 앱을 찾아서 클릭합니다.

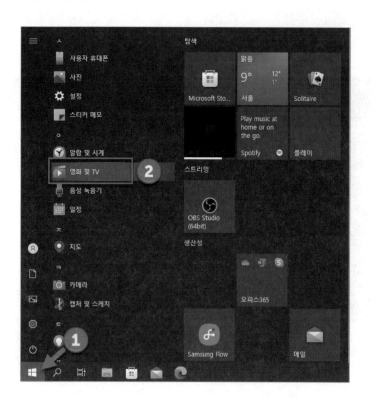

08 컴퓨터에 저장된 비디오가 보일 수도 있으며, 방금 다운로드한 동영상이 자동으로 추가될 수도 있습니다. 보이지 않으면 **폴더 추가**를 클릭합니다.

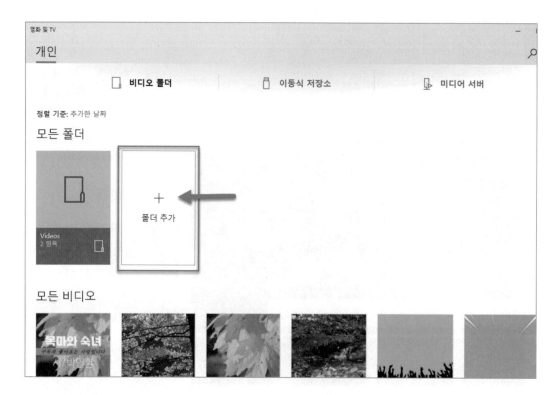

09 로컬 비디오 파일로 컬렉션을 만들기 위해 + 버튼을 클릭합니다. 여기서 로컬이란 것은 내 컴퓨터를 의미합니다.

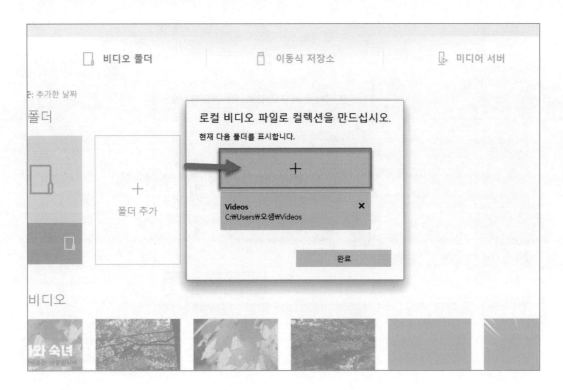

10 엣지 브라우저에서 다운로드한 것은 모두 탐색 창에서 다운로드에 받아지게 됩니다. 왼쪽 탐색 창에서 ❶다운로드를 클릭한 후 ❷이 폴더를 비디오에 추가를 클릭합니다.

11 Downloads 폴더가 추가된 것을 확인할 수 있습니다. 이제 **완료** 버튼을 클릭합니다.

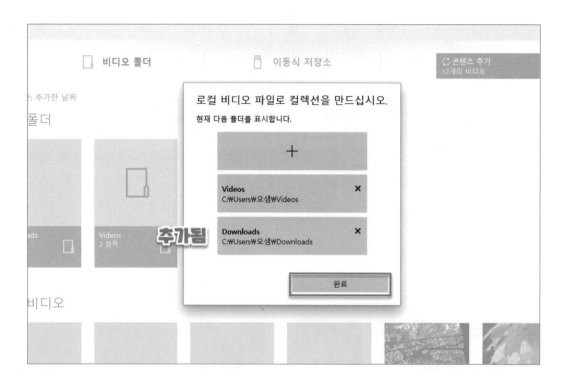

12 모든 폴더에 추가된 Downloads 폴더가 보이며, 아래에는 모든 비디오에 추가된 비디오가 보이게 됩니다. 정렬 기준은 추가한 날짜 순으로 나오지만 정렬 기준을 변경할 수 있습니다.

13 동영상을 클릭하면 아래와 같이 동영상 플레이가 됩니다.

① 영상이 재생중에 10초 이전으로 이동하기

② 영상이 재생중에 30초 앞으로 이동하기

③ 영상이 재생중일 경우 일시정지하며, 정지중일 때는 재생으로 변경

④ 영상을 편집하는 기능으로 트리밍, 그리기 등이 있음

⑤ 미니화면으로 재생되며 같은 버튼을 누르면 다시 이전상태로 됨

⑥ 전체화면으로 재생함

⑦ 더보기라고 하는데 장치로 전송, 채우기 확장, 반복재생 등이 있음

⑧ 영상의 볼륨을 키우거나 줄일 때 사용

⑨ 자막을 표시할 수 있는데, 자막 파일이 있을 경우에만 해당함

14 **이전** 버튼을 클릭해서 첫 화면으로 되돌아갑니다.

01 음악이 컴퓨터에 저장되어 있지 않으면 따라할 수 없으므로 먼저 샘플 음악을 다운로드합니다. 엣지 브라우저를 실행한 후 **픽사베이**를 검색합니다.

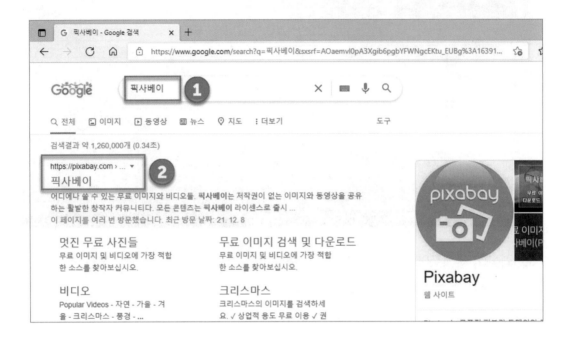

02 픽사베이 상단에서 **음악**을 클릭하면 다양한 음악을 다운로드할 수 있는 목록 이 나옵니다. 픽사베이는 이미지, 동영상, 음악, 벡터, 일러스트, 효과음까지 다 운로드를 무료로 다운로드 할 수 있습니다.

03 창을 최대화 했을 경우와 이전 크기로 했을 경우 화면에 필터링하는 부분이 다르게 나타납니다. 창을 최대화로 했을 경우는 아래와 같이 나타납니다.

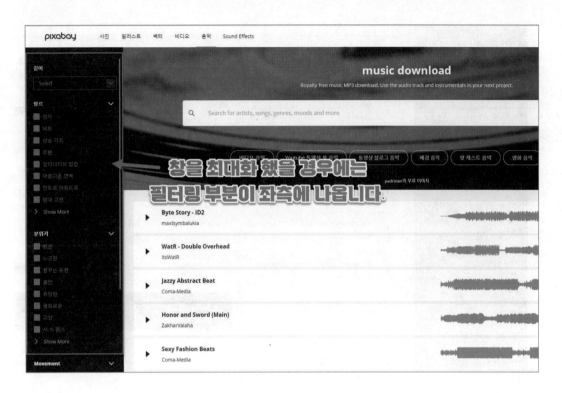

04 창을 이전 크기로 했을 경우는 화면이 작기 때문에 보여주는 부분이 적을 수밖에 없어서 아래와 같이 **Filter** 버튼을 눌러야 합니다. 어차피 모니터가 크기 때문에 최대화를 한 상태에서 필터링을 작업하는 것이 맞습니다. 최대화해서 작업을 진행하도록 하겠습니다.

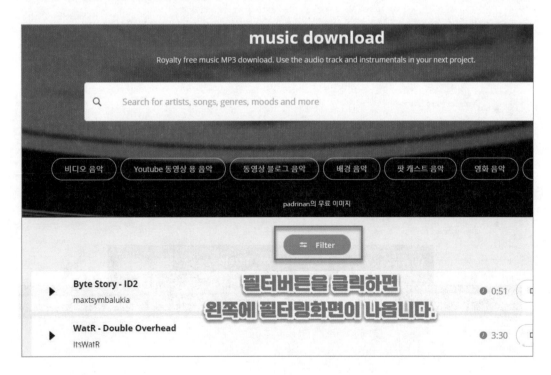

05 왼쪽 창에서 길이, 장르, 분위기, Movement, 테마 등이 그룹으로 보여지는데 **분위기를 평화로운을 선택, 테마는 Youtube 동영상용 음악**을 선택합니다.

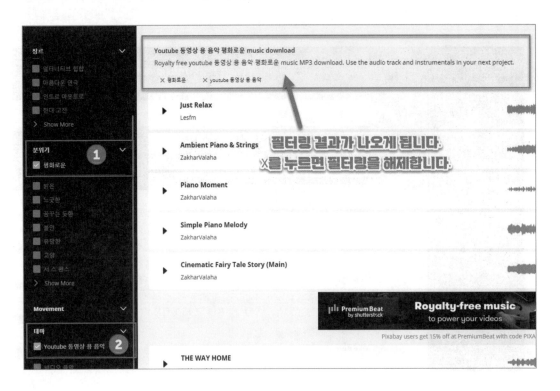

06 ❶재생(▶)을 눌러서 미리 들어볼 수 있어서 본인이 들어본 후 ❷Download를 눌러서 내려받기를 하면 됩니다. 여러 곡을 들어보고 3곡을 다운로드합니다.

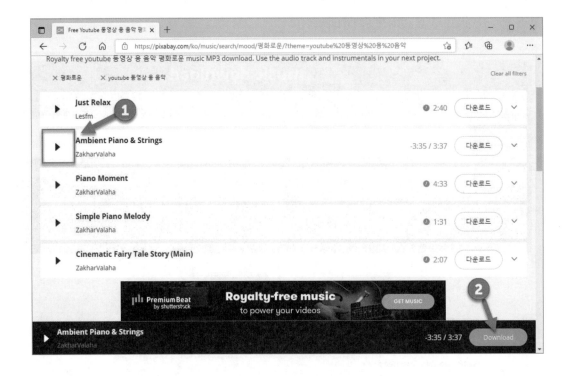

07 아래와 같이 다운로드받은 후 기부하라는 대화상자가 나오면 우측 상단의 **닫기(×)**를 누릅니다. 계속해서 음악을 2곡 더 다운로드합니다.

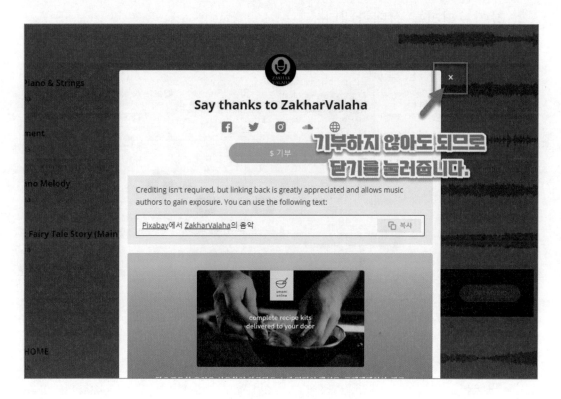

08 다운로드를 3곡까지 받았으면 웹 브라우저를 닫은 후 **내 PC** 또는 **파일 탐색기**를 실행한 후 탐색 창에서 **다운로드**를 클릭하면 3곡의 다운로드한 음악 파일이 보이게 됩니다. 듣고 싶은 음악을 더블클릭하면 곧 바로 들을 수 있습니다.

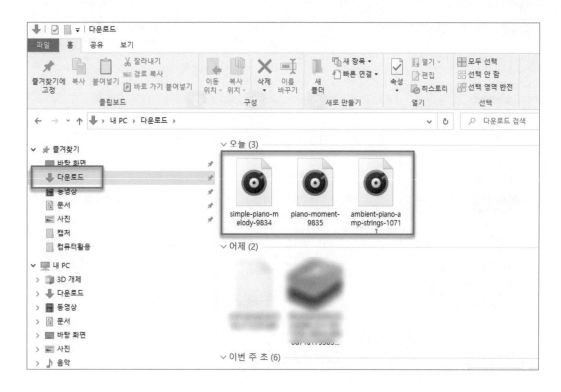

09 음악 듣는 Groove 음악 앱의 창을 닫은 후 3개의 음악파일을 음악 라이브러리로 이동시킵니다. ❶3개의 파일을 선택한 후, ❷이동 위치를 클릭해서 ❸음악 라이브러리를 선택합니다.

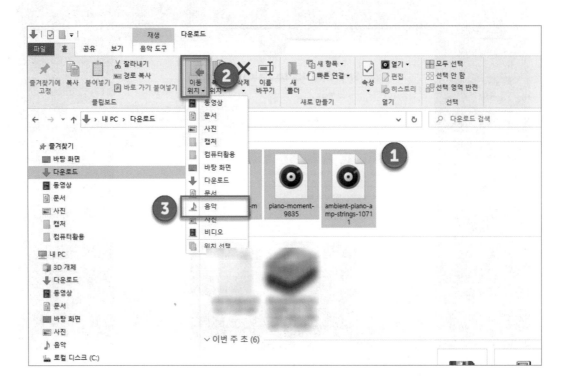

10 탐색 창에서 음악 라이브러리를 클릭하면 오른쪽 내용 창에 3개의 음악 파일이 옮겨진 것을 확인할 수 있습니다. 관련 있는 것을 모아두는 곳이 폴더이고, 의미를 부여한 것이 라이브러리입니다.

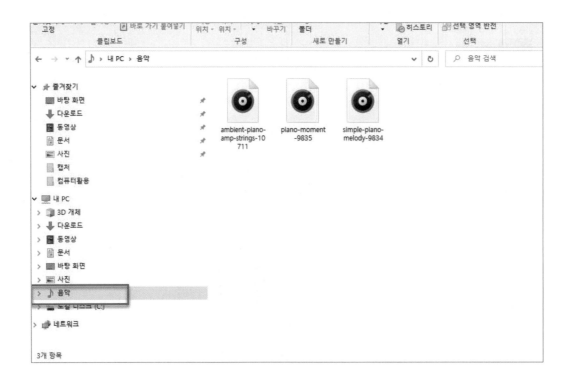

11 시작 - Groove 음악을 찾아서 타일로 드래그해 시작에 고정을 해주면 빠르게 실행할 수 있습니다. **영화 및 TV** 앱도 Groove 옆에 시작메뉴에 고정해 주세요.

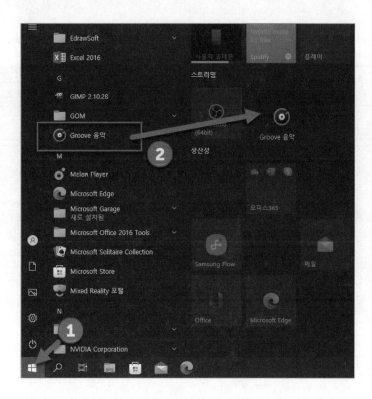

12 ❶을 클릭해서 시작메뉴의 그룹을 ❷미디어를 입력한 후 Enter 를 눌러서 타일의 그룹기능을 사용하도록 합니다. 컴퓨터를 사용할 때 이렇게 '관련있는 것을 모아두는 것'이 관리를 잘한다고 하는 것입니다.

13 Groove 음악 앱을 실행한 후 노래, 아티스트, 앨범을 눌러보세요. 이제 재생 목록을 만들기 위해 ❶추가(+) 버튼을 클릭합니다.

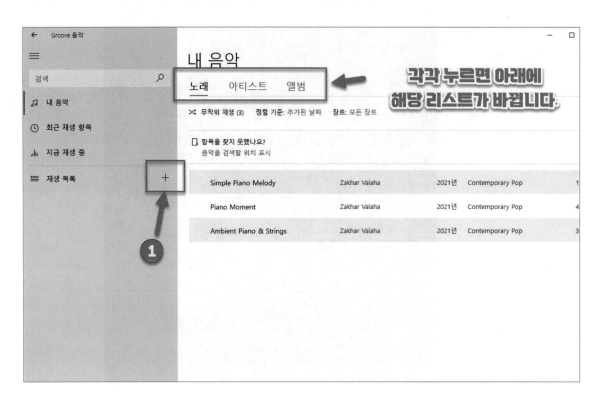

14 재생목록 이름을 ❷픽사베이라고 입력한 후 ❸재생 목록 만들기를 클릭하면 원하는 곡들을 목록으로 만들어 곡을 추가할 수 있게 됩니다.

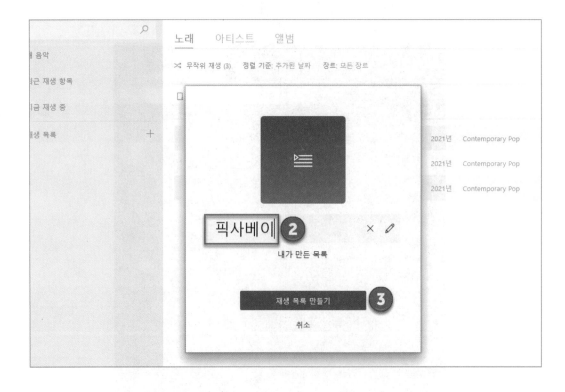

15 새로 추가된 재생목록을 보여주는데 음악을 추가하기 위해 좌측의 **내 음악**을 클릭합니다.

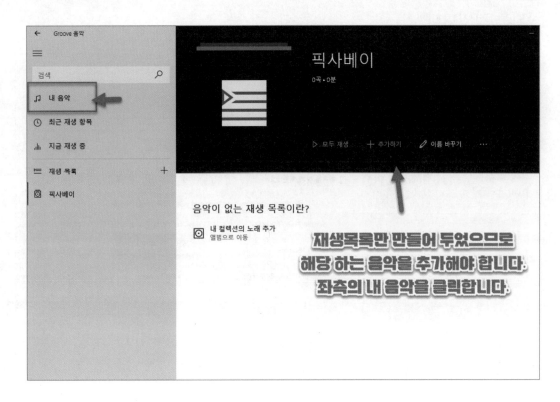

16 ❶**노래** 탭을 선택하면 노래 목록들이 나오는데 추가하려는 곡에 마우스를 올리게 되면 재생과 추가 버튼이 나오게 됩니다. ❷**추가(+)** 버튼을 클릭합니다.

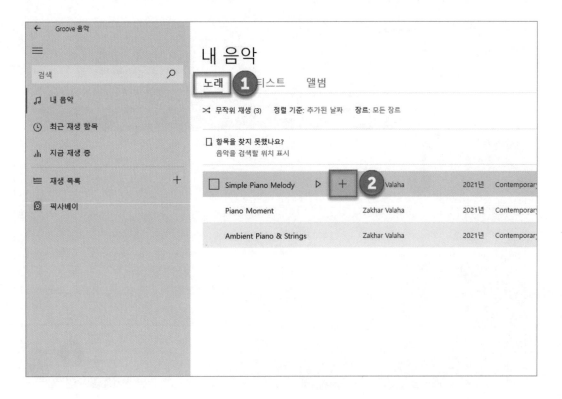

17 여기서 추가하려고 만든 재생목록인 **픽사베이**를 선택하면 됩니다. 재생목록이 지금은 하나지만 여러 개를 만들어서 사용할 때 잘 선택해야 관리가 제대로 되는 것입니다.

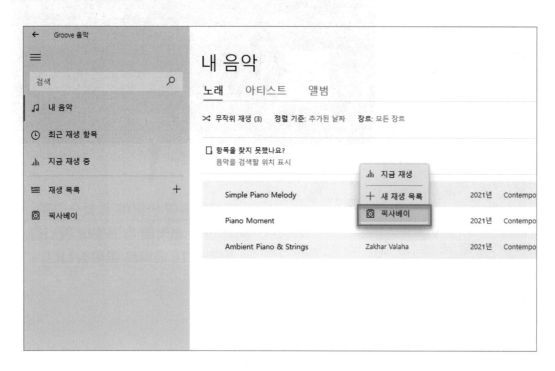

18 노래 목록에 마우스를 올리게 되면 노래이름 앞에 ❶옵션 버튼이 나오는데 모두 체크한 후 ❷추가하기(+)를 클릭하면 빠르게 노래들을 추가할 수 있습니다.

19 이제 왼쪽의 재생목록에서 추가한 ❶픽사베이를 클릭한 후 오른쪽 창에서 ❷모두 재생을 클릭하면 음악을 들을 수 있습니다

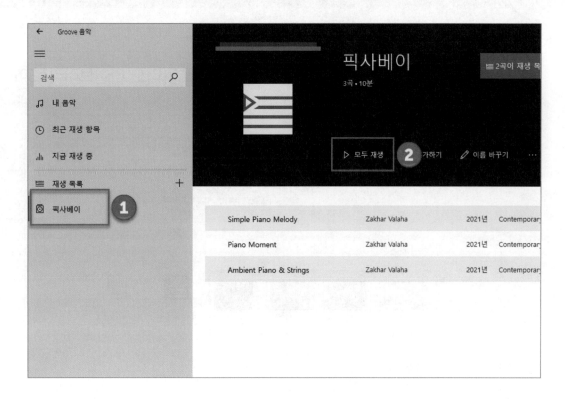

20 아래의 ❶은 무작위 재생이고, ❷는 이전 곡, ❸일시정지, ❹다음 곡, ❺는 반복해서 듣기입니다.

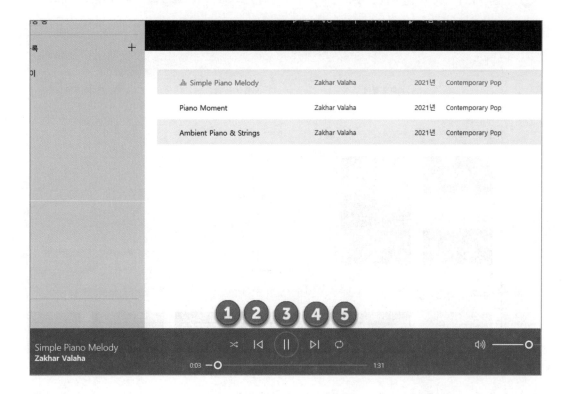

1 픽사베이에서 다운로드해 두었던 동영상 4개를 **비디오** 라이브러리로 이동시켜 보세요.

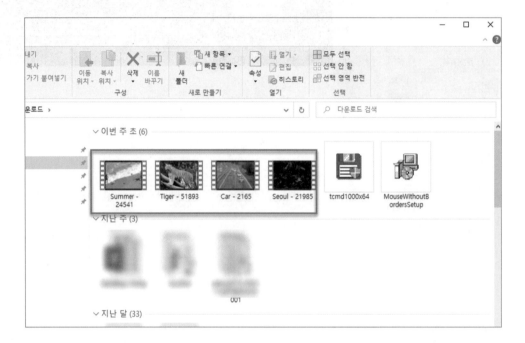

2 폴더 추가(+) 클릭한 후, 앞에서 추가한 Downloads를 제거해 보세요.

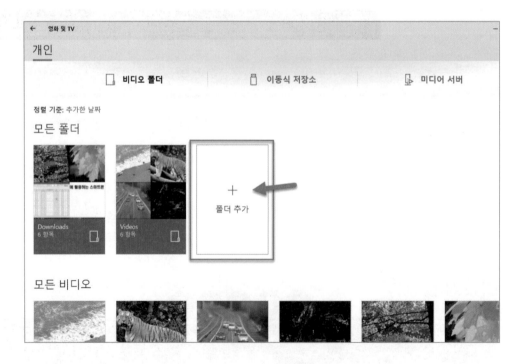

❸ Groove 음악 앱에서 생성했던 **픽사베이를 오늘의 음악**이라고 이름을 바꾸기 해 보세요.

❹ **오늘의 음악**으로 변경된 재생목록을 **시작 화면에 고정**한 후 찾아 보세요.

파일 압축과 해제하기

여러 개의 파일을 하나의 파일로 묶어 보관과 전송에 용이하도록 압축하는 방법과 압축된 파일을 해제해서 볼 수 있도록 관리하는 방법을 알아보도록 하겠습니다.

 무엇을 배울까?

01. 반디집 다운로드와 설치하기

02. 압축된 파일 해제하기

03. 여러 파일을 하나로 압축하기

04-1 ··· 반디집 다운로드와 설치하기

01 마이크로소프트 엣지 브라우저를 실행한 후 **네이버**로 이동합니다.

02 네이버 검색창에 **반디집**을 입력한 후 Enter 를 누르거나 돋보기를 클릭합니다.

03 검색 결과가 나오면 첫 번째 링크인 **반디집 공식 홈페이지**를 클릭합니다.

04 **반디집 다운로드(v7.22)**를 클릭하면 되는데 버전은 계속 업그레이드 되므로 다를 수 있지만 사용방법은 동일합니다. 참고로 공공장소나 기관에서는 알집을 사용할 수 없으므로 반디집을 반드시 설치해서 사용해야 합니다. (알집도 가정에서 사용하는 것은 허용됩니다.)

05 다운로드 결과창에서 다운로드가 모두 받아졌으면 파일 열기가 나오게 됩니다. **파일 열기**를 클릭해서 설치를 진행하는데 **"이 앱이 디바이스를 변경하도록 허용하겠습니까?"**라는 대화상자에서 **예**를 클릭합니다.

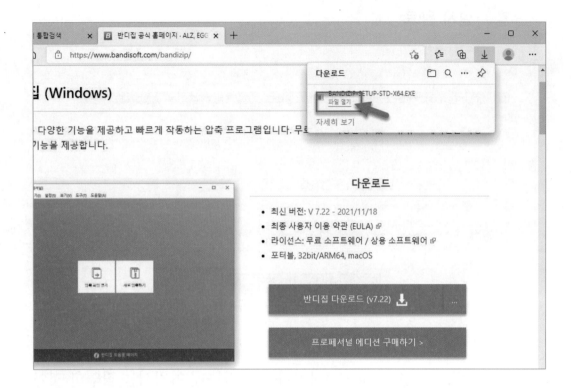

06 ❶**사용 통계 및 오류 보고서를 자동으로 전송합니다**를 클릭해서 체크를 해제한 후 ❷**동의 및 설치**를 클릭합니다.

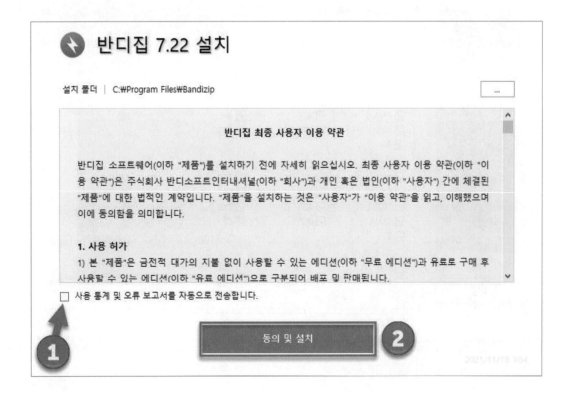

07 설치가 100%가 진행될 때가지 기다렸다가 닫기가 보이면 설치가 끝났다는 것입니다. **닫기**를 클릭합니다.

08 파일 연결하도록 환경 설정 대화상자가 열리는데 여기서는 작업할 것이 없으므로 **확인** 버튼을 클릭하면 반디집 메인창이 열리는데 그냥 닫아주도록 합니다.

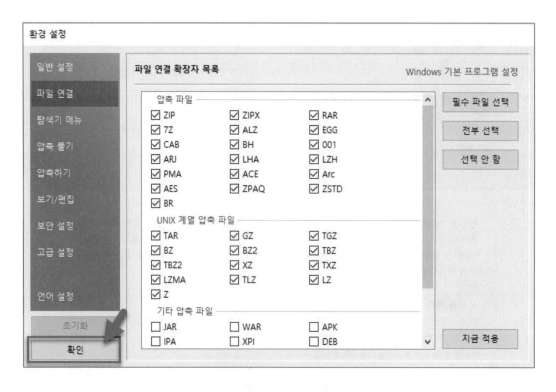

※ 확장자 중 ALZ, EGG는 알집으로 압축된 것으로, 반디집으로도 알집으로 압축된 형식을 해제할 수 있다는 의미가 됩니다.

01 마이크로소프트 엣지 브라우저를 실행한 후 네이버에서 아이콕스출판사를 검
색한 후 클릭합니다.

02 ❶자료실에 마우스를 올려놓은 후 ❷도서부록소스를 클릭하면 게시판이 나옵
니다.

03 도서부록소스 게시판에서 54번에 포스팅된 [능력향상 시즌4] 컴퓨터 활용_실습 파일을 클릭합니다.

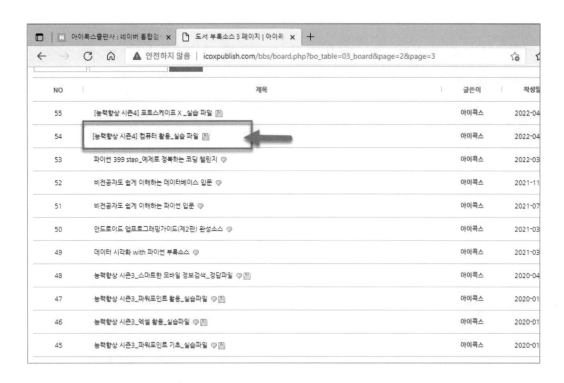

04 첨부된 **컴퓨터활용1.zip**을 클릭하면 다운로드가 진행됩니다. 파일 용량이 작기 때문에 빠르게 다운로드가 되지만, 파일의 용량이 크면 잠시 기다려야 합니다. 오른쪽 상단에 다운로드 상황이 보이므로 확인합니다.

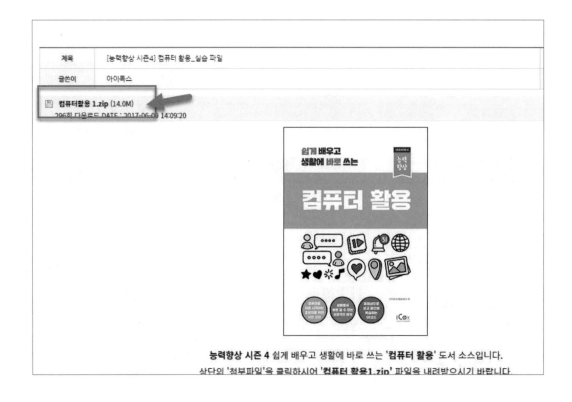

05 다운로드 창에 **파일 열기**를 클릭해서 압축 프로그램이 실행되도록 합니다.

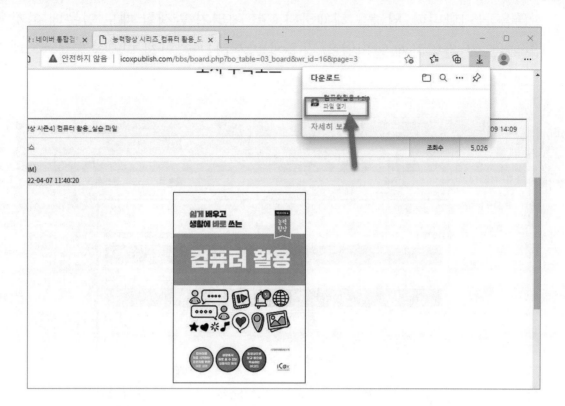

06 압축 프로그램이 실행되면서 다운로드한 압축파일에 어떤 파일들이 압축된 것인지 보여주게 됩니다. ❶**풀기 드롭다운 버튼**을 클릭한 후 ❷**파일명 폴더에 풀기**를 클릭해서 자동으로 폴더가 생성되면서 해제되도록 풀어주는 것이 좋습니다.

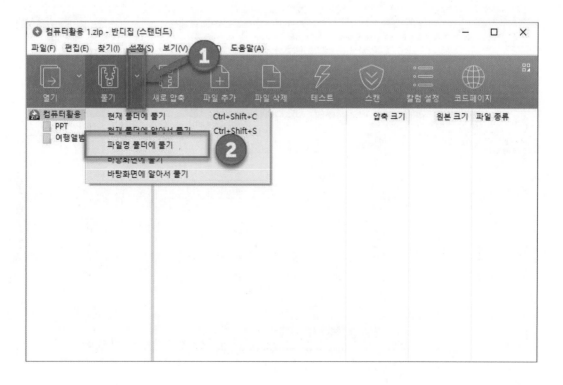

07 압축 풀기 대화상자가 나오면서 풀기가 작업되며, 압축 풀기가 끝나면 **닫기** 버튼을 클릭합니다. 압축을 해제하다 CRC에러가 발생할 때도 있는데 이것은 다운로드가 완벽하게 안되었을 경우에 발생하므로 다시 다운로드를 한 후 압축 해제하면 됩니다.

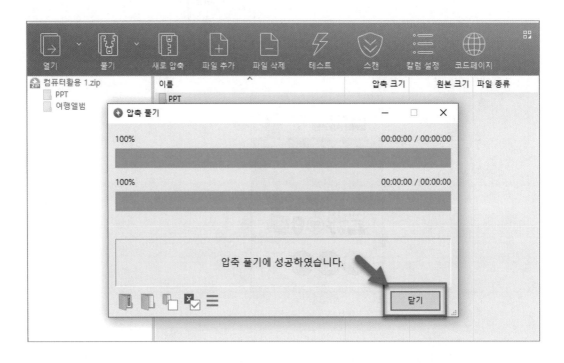

08 압축 프로그램 창과 웹 브라우저의 창을 모두 닫아주고 내 PC를 더블클릭해서 **다운로드** 라이브러리를 열어봅니다.

01 아래와 같이 내 PC의 다운로드 라이브러리 안에 **컴퓨터활용1** 폴더가 압축해제된 상태로 있는데, **컴퓨터활용1** 폴더를 삭제합니다.

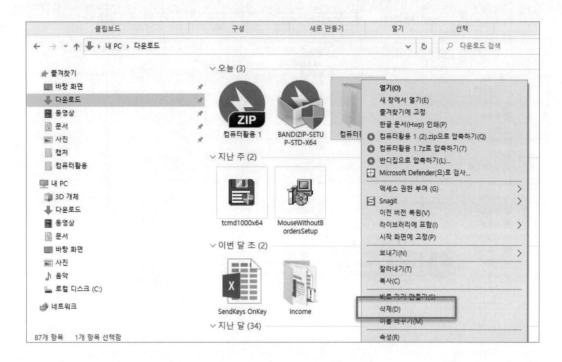

02 **컴퓨터활용1** 압축파일에 마우스 오른쪽을 클릭한 후 **반디집으로 압축 풀기**를 클릭합니다.

03 압축을 해제할 장소를 ❶사진 라이브러리로 정한 후 ❷대상 폴더의 하위에 압축 파일명으로 폴더 생성 후 압축풀기가 체크된 것을 확인한 후 ❸확인을 클릭합니다.

04 압축이 해제가 되면 **닫기**를 클릭한 후, **사진** 라이브러리를 열어보면 **컴퓨터활용1**이란 폴더에 압축이 해제된 것을 확인할 수 있습니다.

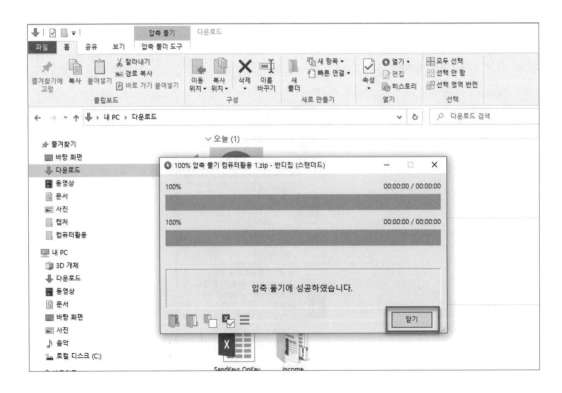

04-4 ··· 파일 압축하기

01 파일 탐색기를 먼저 실행한 후 **사진 - 컴퓨터활용1 - PPT** 폴더를 열어줍니다.

02 DC01을 클릭한 후 **DC03, DC05, DC07** 각각 Ctrl+클릭으로 선택합니다.

03 선택된 첫 번째 파일에 마우스 오른쪽 버튼을 클릭한 후 **반디집으로 압축하기**
를 클릭합니다.

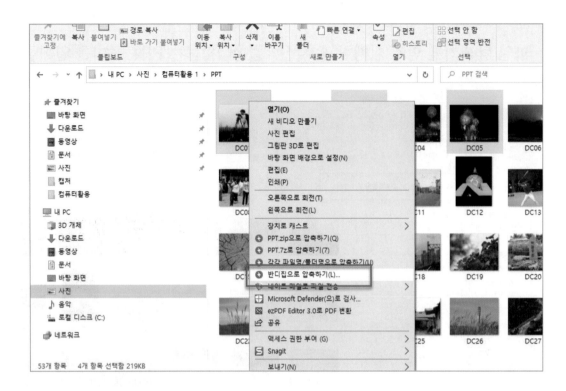

04 새로 압축이라는 대화상자가 나오는데, 여기서 파일이름을 한글로 **압축연습**
이라고 입력한 후 [Enter]를 누릅니다. 압축할 때 이름은 사용자가 원하는 이름
을 입력하면 됩니다.

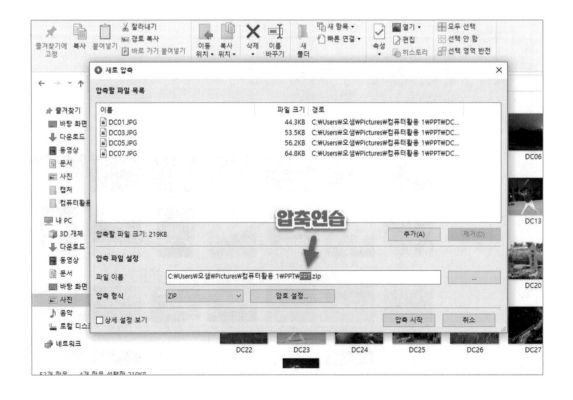

05 압축이 완료되었다는 대화상자가 나오면 **닫기**를 클릭합니다. 압축을 하다 CRC에러가 발생하면 다시 압축을 하면 됩니다.

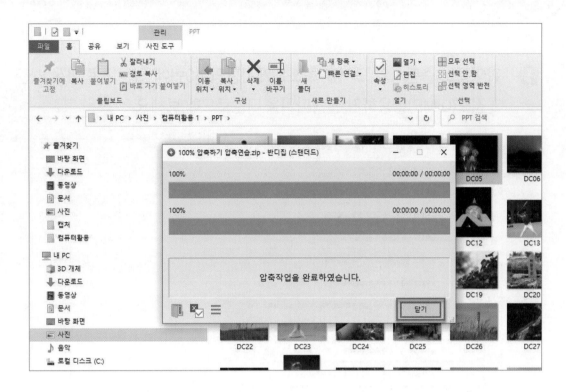

06 압축이 끝나게 되면 파일의 끝으로 이동하면 **압축연습**이라는 압축파일이 보이게 됩니다. 영어가 먼저 보이고 한글파일이 나중에 보이기 때문에 끝에 있을 뿐입니다.

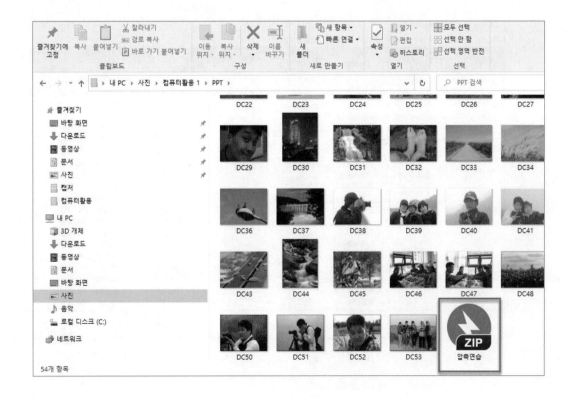

① 아이콕스 출판사의 도서부록소스 게시판의 40번에 있는 능력향상 시즌 2_김프(GIMP)활용하기_실습파일을 다운로드해 보세요.

② 다운로드받은 파일을 압축을 **파일명 폴더에 풀기**로 해제해 보세요.

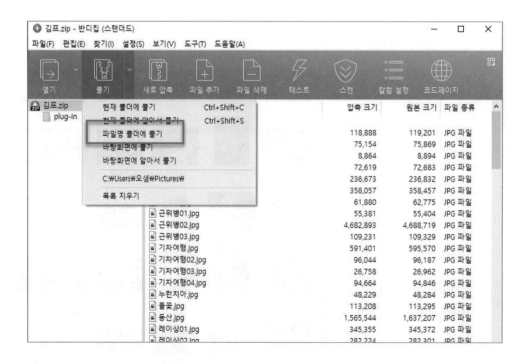

③ 다운로드 라이브러리에 압축이 해제된 **김프** 폴더를 **사진** 라이브러리로 **이동**시켜 보세요.

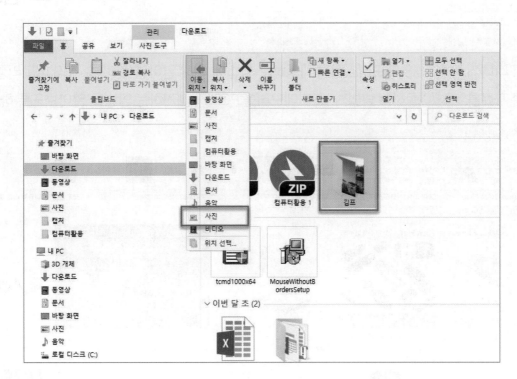

④ 다운로드 연습한 압축파일 **컴퓨터활용1, 김프** 2개의 파일을 **삭제**해 보세요.

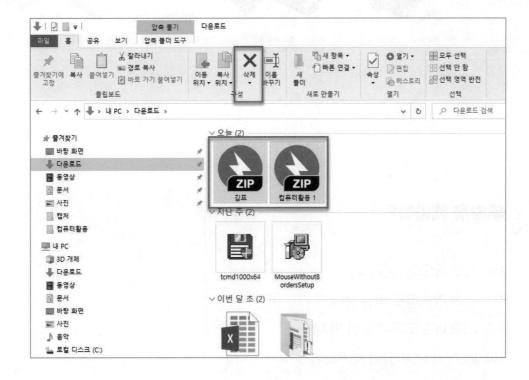

USB 메모리 사용하기

가지고 다니기 편한 USB 메모리스틱을 사용하는 방법에 대해 알아볼 것이며, USB 메모리를 PC에 연결하여 자료를 복사/이동하는 방법과 USB 메모리를 PC에서 제거하는 방법을 알아보도록 하겠습니다.

🔍 무엇을 배울까?

01. USB 메모리 연결하기

02. USB 메모리로 파일 보내기

03. USB 메모리에서 파일 가져오기

04. PC에서 USB 장치 제거하기

01 USB 메모리스틱을 컴퓨터 **본체의 USB 포트에 연결**합니다. 보통 본체의 앞이 나 뒤에 있으므로 그냥 꼽아줍니다.

02 모니터 화면 오른쪽 하단에 **자동 실행** 알림상자가 나타나면, 아래의 화살표가 향한 곳을 클릭합니다.

03 모니터 화면 오른쪽 상단에 아래와 같은 대화상자가 나오는데 **폴더를 열어 파일 보기**를 클릭합니다. 설정된 상황에 따라 아래의 대화상자가 보이지 않고 파일 탐색기가 바로 열릴 수 있습니다. 가급적 **저장 공간 설정 구성**을 누르는 것은 피해주고, 상황에 따라 아무런 작업을 하고 싶지 않을 경우 **아무 작업 안 함**을 선택하는 경우도 많습니다.

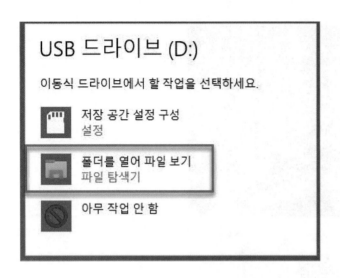

04 파일 탐색기가 열리면 USB 메모리에 저장된 파일을 확인할 수 있습니다. 현재는 USB 메모리 안에 기록된 파일이 없으므로 비어있는 것을 확인할 수 있습니다.

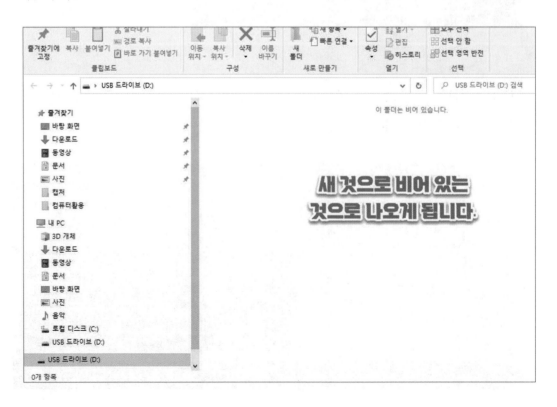

01 사진 라이브러리에서 앞 과정에서 압축을 해제한 폴더인 **컴퓨터활용1** 폴더를
더블클릭해서 열어줍니다.

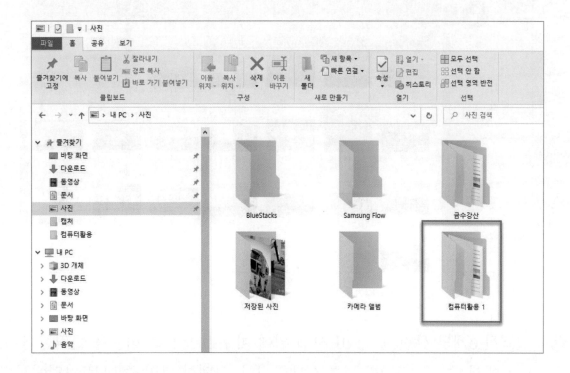

02 여행앨범 폴더를 더블클릭해서 열어줍니다.

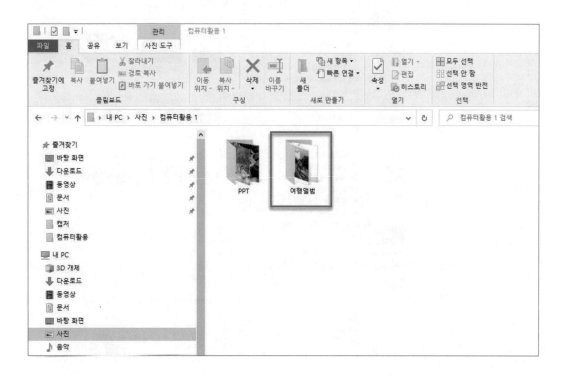

03 파일명 01부터 06까지 범위를 지정해서 선택합니다. 01에 클릭한 후 06에
　　 Shift 를 누른 상태에서 클릭을 합니다.

04 선택한 6개의 사진 중 ❶01 사진 위에 마우스 오른쪽 버튼을 클릭한 후 ❷보
　　 내기에서 ❸USB 드라이브를 선택합니다. 선택한 파일 중 아무 파일에서 작업
　　 해도 관계없습니다.

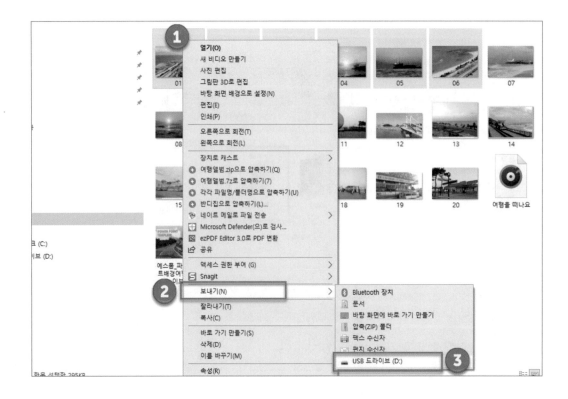

05 보내기 과정이 끝나면 왼쪽 탐색 창에서 ❹USB 드라이브를 클릭하면 오른쪽 내용 창에 6개의 파일이 옮겨진 것을 확인합니다.

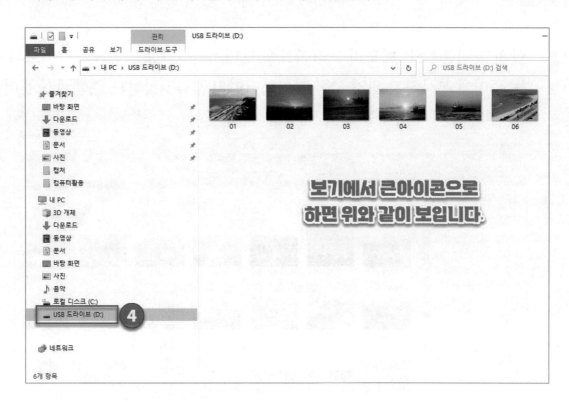

01 앞의 과정은 USB 메모리 드라이브에 보내기가 되므로, USB 드라이브의 원하는 폴더에 복사하기 위해 **사진** 라이브러리의 **컴퓨터활용1 - 여행앨범** 폴더에서 **07** 부터 **12**까지 선택합니다.

02 홈 리본메뉴에서 ❶홈 탭을 클릭한 후 구성그룹에서 ❷복사 위치을 클릭하고 ❸위치 선택...을 클릭합니다.

03 항목 복사 대화상자가 나오면 ❶USB 드라이브를 클릭한 후 ❷새 폴더 만들기
버튼을 클릭합니다.

04 폴더이름을 ❸복사연습이라고 입력한 후 Enter 를 눌러서 폴더를 만들어준 후
❹복사 버튼을 클릭합니다.

05 탐색 창에서 USB 드라이브를 클릭하면 오른쪽 내용 창에 복사연습 폴더가 생
성되어 복사된 것을 확인할 수 있습니다.

01 파일 탐색기를 실행한 후 좌측 탐색 창에서 ❶USB 드라이브를 클릭한 후 오른쪽 내용 창에 ❷복사연습 폴더를 더블클릭합니다.

02 내 PC로 복사할 파일인 08을 클릭한 후 10번을 Shift +클릭해서 파일을 선택합니다.

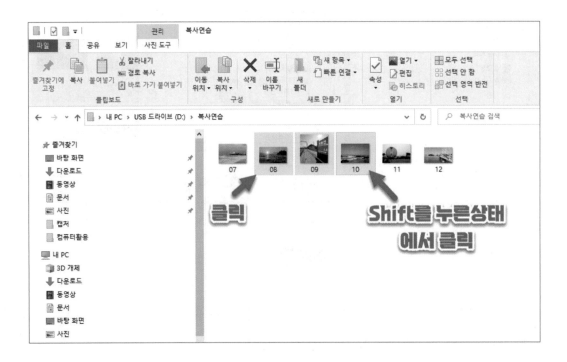

03 ❶홈 탭 메뉴에서 클립보드 그룹의 ❷복사를 클릭합니다. 다른 방법으로는 선택한 파일 위에 마우스 오른쪽 버튼을 클릭한 후 **복사**를 눌러도 됩니다.

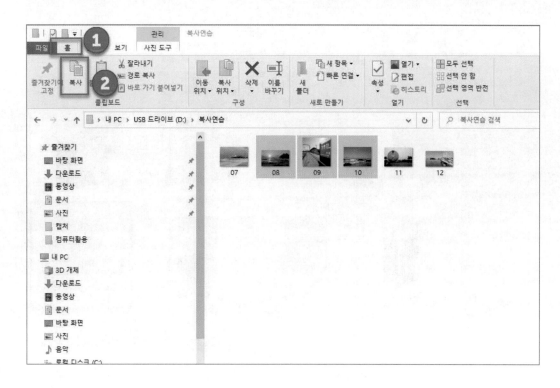

04 내 PC에 옮겨질 장소를 선택하면 되는데, 왼쪽 탐색 창의 즐겨찾기에 있는 ❸사진을 클릭한 후 홈 리본메뉴의 새로 만들기 그룹에 있는 ❹새 폴더를 클릭해서 폴더를 하나 생성합니다.

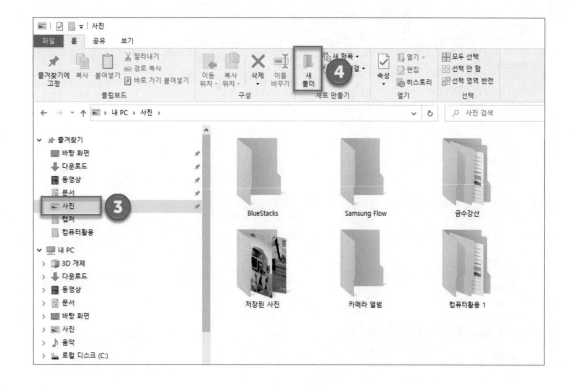

05 새 폴더명을 **가져온 사진**이라고 입력한 후 ⌈Enter⌋를 2회 눌러서 폴더를 생성한 후 열어줍니다.

06 만들어 준 **가져온 사진** 폴더가 열렸으면 리본메뉴에서 **붙여넣기**를 클릭하면 복사했던 사진이 나오게 됩니다.

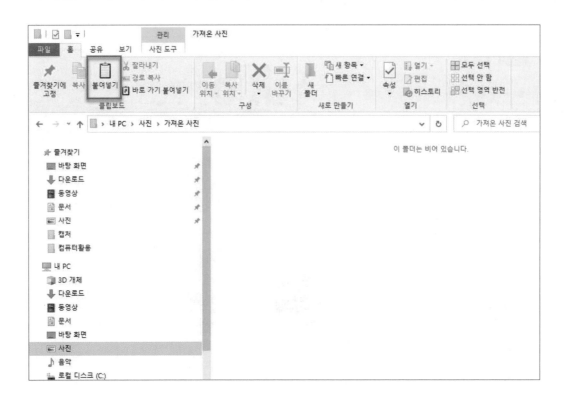

01 USB 메모리를 컴퓨터에서 안전하게 제거하기 위해 **작업표시줄에서 ❶숨겨진 아이콘 표시(∧)를** 클릭한 후 **❷하드웨어 안전하게 제거 및 미디어 꺼내기** 아이콘을 클릭합니다.

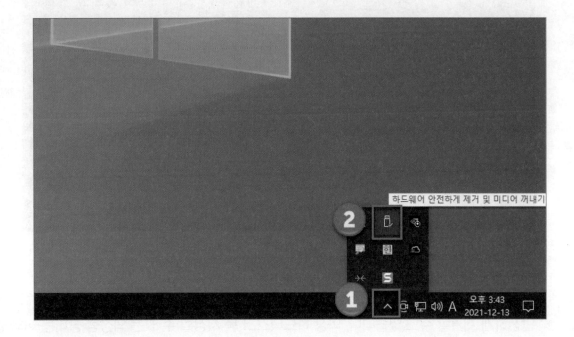

02 하드웨어 안전하게 제거 및 미디어 꺼내기 메뉴에서 USB DISK 꺼내기 또는 USB Reader 꺼내기를 클릭합니다.

03 아래 그림처럼 **하드웨어 안전 제거** 메시지 상자가 나타납니다. 확인했다면 컴퓨터에 연결한 **USB 메모리 스틱**을 제거합니다.

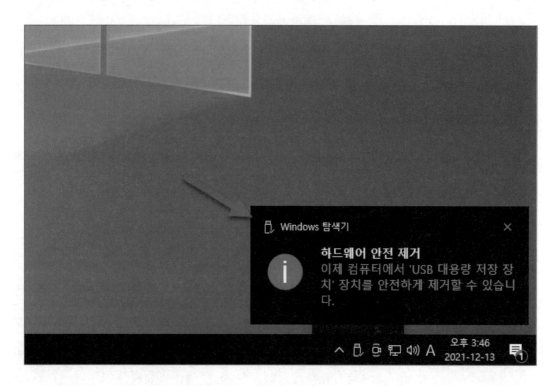

※ 파일 탐색기에서 ❶USB 드라이브에서 마우스 오른쪽 버튼을 클릭한 후 ❷꺼내기를 클릭해서 안전하게 제거할 수도 있습니다. 외장 하드디스크 등 저장할 수 있는 외장형 장비는 이와 같은 방법으로 제거하면 안전하게 사용할 수 있습니다.

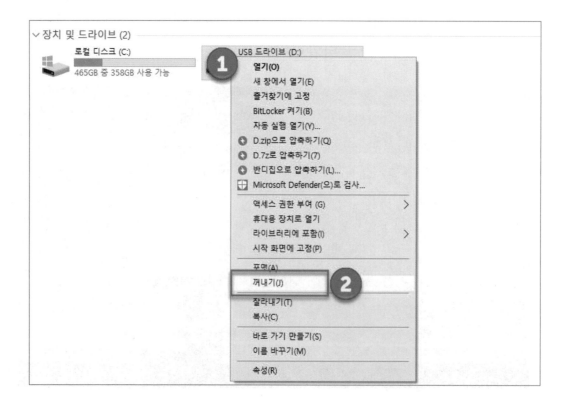

혼자 해 보기

① USB 드라이브를 내 PC에 장착한 후 USB 메모리의 이름을 **지아이에듀테크**로 변경해 보세요.

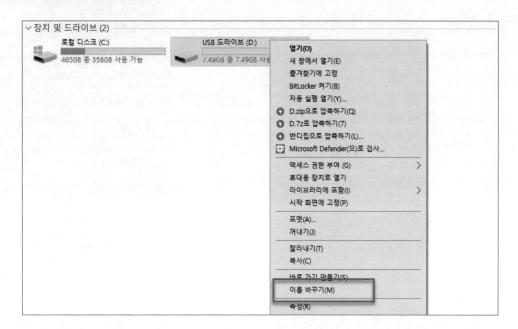

② USB 드라이브에 마우스 오른쪽 단추를 클릭해서 속성을 눌러 파일시스템을 확인해 보세요.

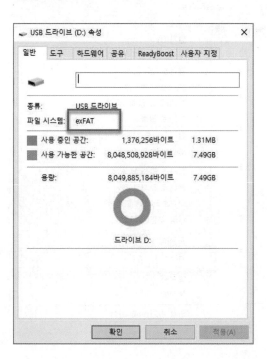

❸ USB 드라이브를 포맷하되 파일 시스템을 NTFS 방식으로 빠른 포맷을
해보세요. (단, 중요한 것이 들어있는 경우는 하지 마세요!!)

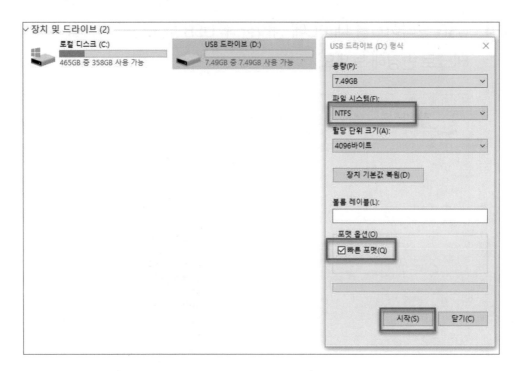

❹ 내 PC에서 USB 드라이브를 안전하게 제거해 보세요.

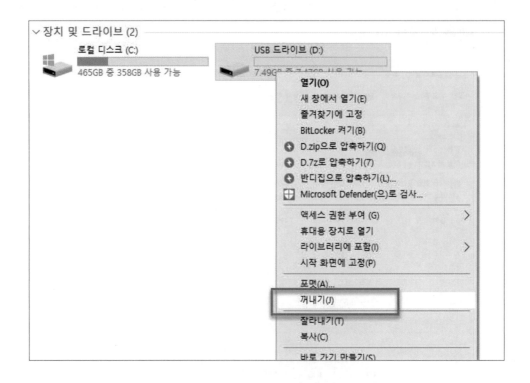

필수 프로그램 설치하기

컴퓨터를 사용할 때 필요한 프로그램을 인터넷에서 다운로드하고 설치하는 방법에 대해 살펴보도록 하겠습니다. 또한 설치할 때 주의해야 할 사항에 대해서도 알아보도록 하겠습니다.

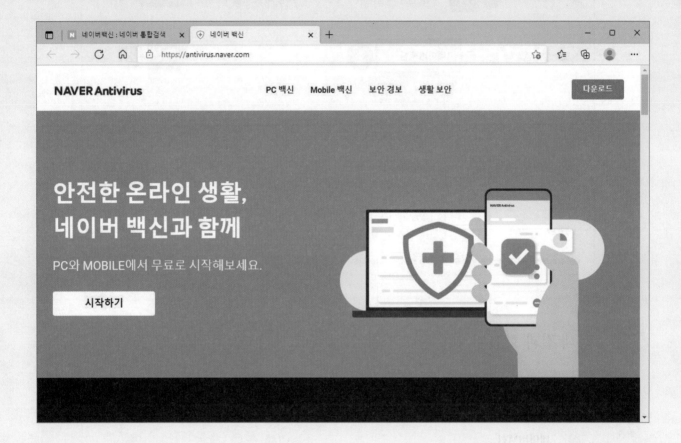

🔍 무엇을 배울까?

01. 네이버 백신 설치하기

02. 네이버 백신으로 컴퓨터 검사하기

03. 네이버 백신 제거하기

01 마이크로소프트 엣지 브라우저를 실행한 후 네이버 홈페이지에서 검색상자에
❶네이버백신을 입력한 후 **❷**검색 버튼을 클릭합니다.

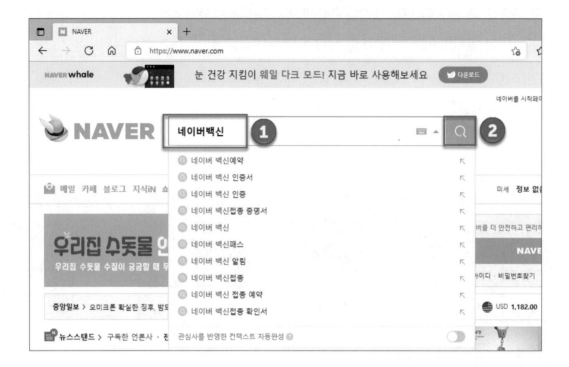

02 검색 결과 화면이 나오는데 가장 위에 바로가기 네이버 백신을 클릭합니다.

03 오른쪽 상단에 있는 **다운로드** 버튼을 클릭합니다. 아래의 화면은 상황에 따라 변경될 수 있으므로 다운로드를 찾아서 클릭합니다.

04 내 PC의 윈도우 버전이 32Bit인지, 64Bit인지 알아본 후 해당사항의 버튼을 클릭합니다. 보통 64Bit 윈도우가 설치되어 있는 경우가 대부분이므로 여기서 는 **PC 다운로드 64Bit**를 클릭합니다.

05 다운로드가 완료되면 오른쪽 상단의 다운로드창에 NVCInst.exe가 나타나며, 여기서 **파일 열기**를 클릭해서 설치를 진행합니다.

06 네이버 백신을 설치하는 설치 마법사 화면이 나타납니다. 메시지를 읽어볼 필요는 없지만, 설치 전에 실행중인 프로그램을 모두 종료한 후 **다음**을 클릭합니다.

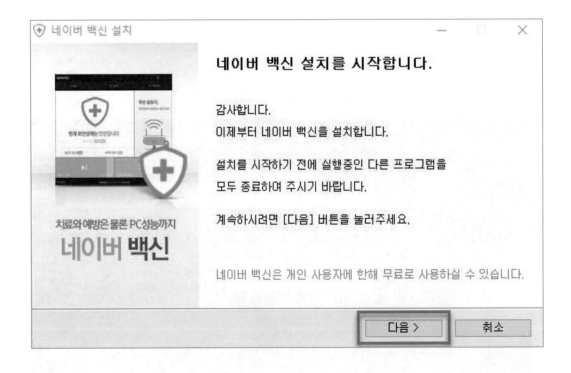

07 사용권 계약 내용이 나오는데 **동의함**을 눌러서 설치를 진행하면 됩니다. 약관의 내용에 동의하지 않을 경우에는 취소를 눌러서 설치를 취소하면 됩니다.

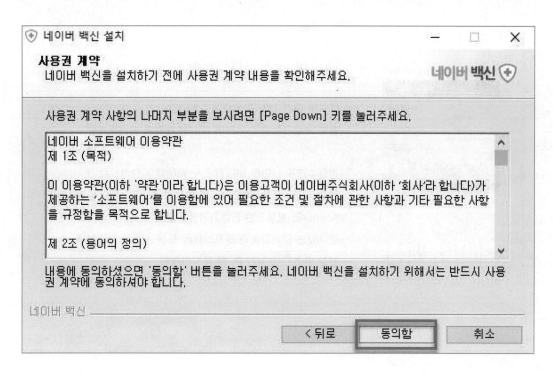

08 설치 위치 선택 대화상자가 나오는데 여기서는 가급적 설치 폴더를 변경하지 않고 제공되는 기본 폴더에 설치하는 것이 좋습니다. **설치**를 클릭하면 자동으로 C:\Program Files\Naver\NaverVaccine이란 폴더가 생성되며 설치가 진행됩니다.

09 네이버 백신 설치가 완료되었다는 창이 나왔습니다. **마침**을 눌러서 설치를 종료하면 바탕화면에 네이버 백신 아이콘이 나타납니다.

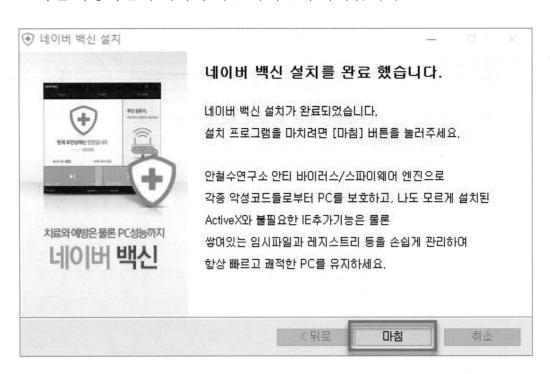

10 최신 엔진을 다운로드중이라는 메시지가 약 5분 이상이 소요가 될 것입니다. 100% 업데이트가 되면 창을 닫아줍니다.

※ 내 컴퓨터의 윈도우10의 버전이 32Bit인지 64Bit인지 확인하려면 **바탕화면의 내 PC** 아이콘에 **마우스 오른쪽 버튼**을 클릭한 후 **속성**을 클릭합니다.

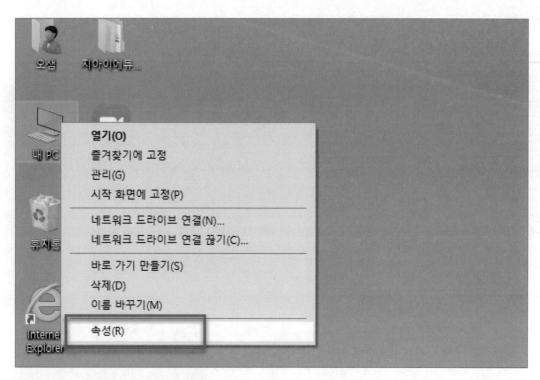

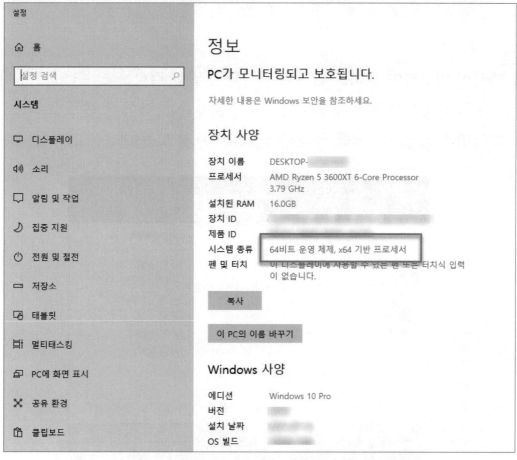

01   바탕화면에서 **네이버 백신**을 더블클릭해서 실행합니다.

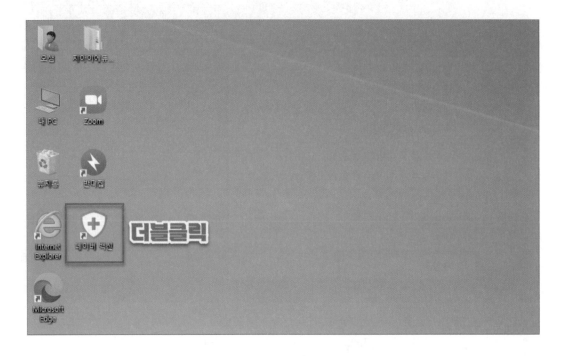

02   네이버 백신창이 열리면 간단한 검사와 정밀한 검사를 할 수 있는데 여기서는 정밀하게 검사를 하도록 합니다. ❶**PC 검사**를 클릭한 후 ❷**로컬 디스크(C:)**를 체크한 후 ❸**선택검사**를 클릭해서 드라이브의 모든 내용을 검사합니다.

03 100% 완료가 될 때까지 기다리면 됩니다. 검사를 중단하려면 작업진행률에 마우스를 올리면 일시정지가 나옵니다. 작업진행률 표시된 곳을 클릭하면 작업이 일시정지됩니다.

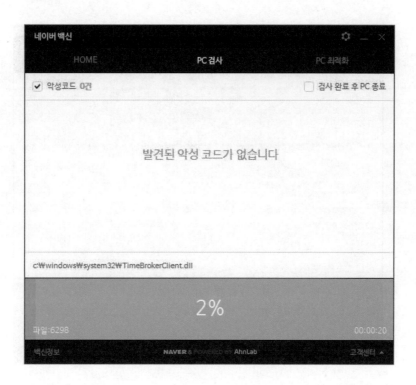

04 아래와 같이 작업 진행률을 클릭하면 **재시작**과 **검사취소**가 나오는데 끝가지 검사를 하려면 재시작을 누르면 되고, 검사를 중단하려면 검사취소를 클릭합니다. 여기서는 검사를 계속 진행해서 내 PC에 바이러스와 악성코드가 있는지를 검사하도록 합니다.

05 바이러스 검사와 악성코드를 검사한 후 발견된 악성코드가 없다고 나오면 끝내면 되며, 발견된 악성코드가 있으면 치료 버튼이 생성됩니다. 치료를 누르면 치료가 진행됩니다.

06 PC를 사용하기 가장 좋은 상태로 만들어 주는 작업이 최적화라고 합니다. 최적화(Optimized)된 상태로 하기 위해 상단의 ❶**PC 최적화**를 클릭합니다. ❷, ❸, ❹도 클릭으로 선택한 후 ❺**최적화 실행**을 클릭합니다.

07 휴지통에 있는 모든 파일이 삭제된다는 메시지 창이 나오면 **확인**을 클릭해서 작업을 진행합니다.

08 메모리 정리, 레지스트리 정리, 인터넷 브라우저 기록 정리, 인터넷 임시파일 정리, 휴지통 정리, 윈도우 불필요 파일 정리, 윈도우 사용기록 정리, 윈도우 임시파일 정리 총 8가지를 청소를 해서 최적화 작업을 진행합니다.

09 최적화 작업이 끝나면 **확인**을 클릭해서 네이버 백신을 끝냅니다. PC 검사와
PC 최적화 작업은 1주일에 한 번씩은 꼭 해주면 상쾌한 상태의 컴퓨터 상태를
유지할 수 있습니다.

01 바탕화면에서 ❶시작을 클릭한 후 ❷설정을 클릭합니다.

02 설정 창이 열리면 **앱**을 찾아서 클릭하는데, 열려진 창의 크기에 따라 앱의 위치는 다른 장소에 보일 수 있습니다.

03 **앱 및 기능**이 먼저 보이는데 마우스 휠을 아래로 굴려서 제거할 프로그램을 찾아줍니다. 여기서는 **네이버 백신**을 찾아야 합니다. 영어가 먼저 나오고 한글이 나중에 나오므로 많이 내려가야 합니다.

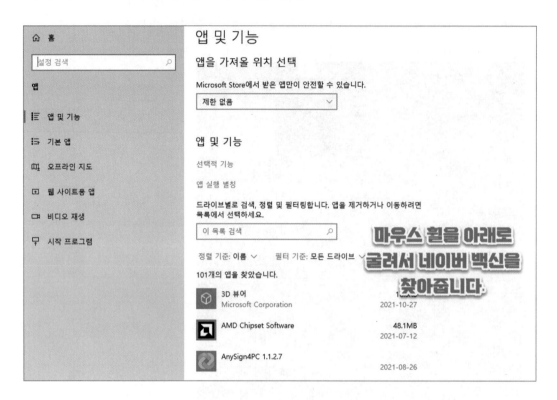

04 제거할 ❶네이버 백신을 클릭한 후 ❷제거 버튼을 클릭합니다.

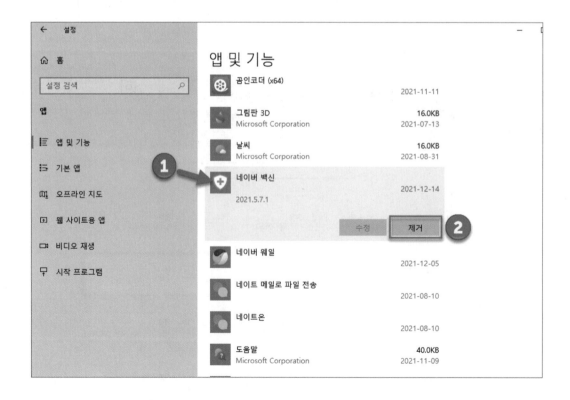

05 이 앱 및 관련 정보가 제거됩니다란 대화상자가 나오면 **제거** 버튼을 클릭합니다. 프로그램마다 제거할 때 나오는 메시지가 다를 수 있습니다.

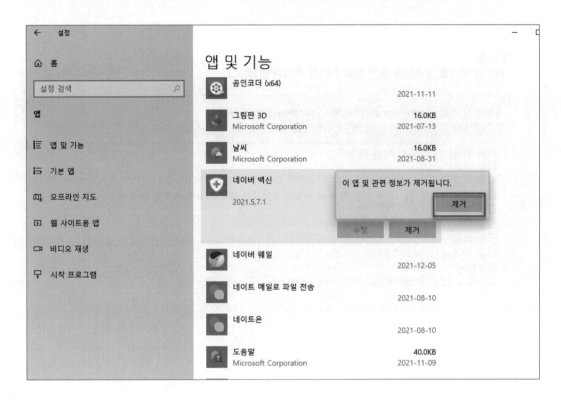

06 사용자 권한 설정화면이 나올 수 있는데 대화상자가 나오면 **예**를 클릭하거나 **허용**을 클릭하면 아래와 같은 네이버 백신 제거 대화상자가 나옵니다. **제거** 버튼을 클릭합니다.

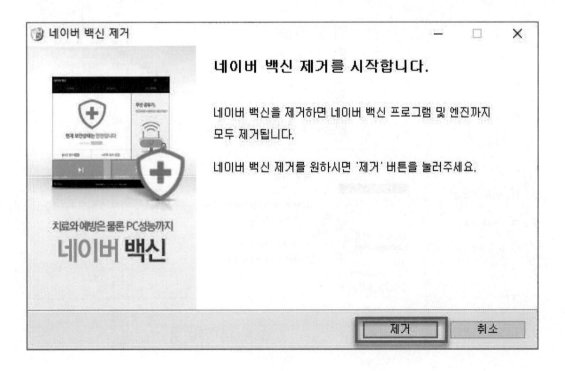

07 제거 중 지울 수 없는 파일이 있으므로 해당 파일은 재부팅 후에 제거된다는 창이 나오면 **확인**을 클릭합니다.

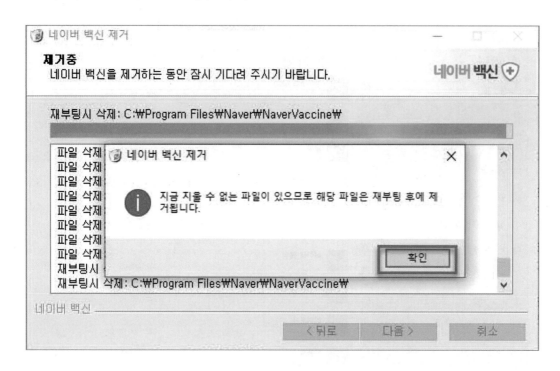

08 **제거 완료** 상자가 나오는데 **지금 재부팅 하겠습니다**가 선택된 상태에서 마침을 눌러야 합니다. 정보화교육장에 **하드보안관**이 설치되어 있는 경우는 **나중에 재 부팅하겠습니다**를 선택한 후 **마침**을 클릭하세요.

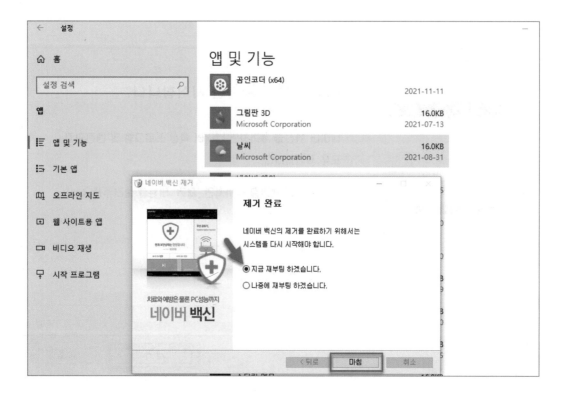

혼자 해 보기

① 네이버 사이트에서 **알PDF**를 설치해 보세요.

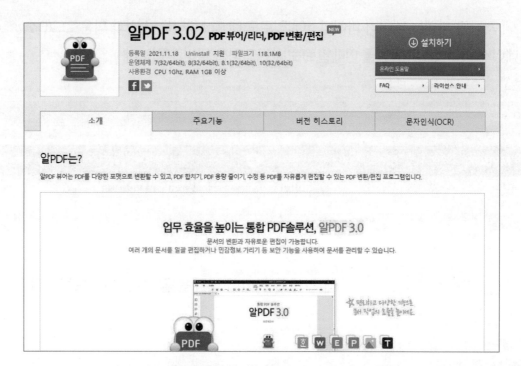

② 곰랩(GOMLab)사이트에서 **곰오디오**를 설치해 보세요.

Chapter 07

클라우드 사용하기

내 PC에 저장된 파일을 네이버 마이박스에 업로드(UpLoad)하는 방법과 다운로드(DownLoad) 하는 방법, 네이버 마이박스의 파일을 이메일로 보내는 과정을 익히게 됩니다.

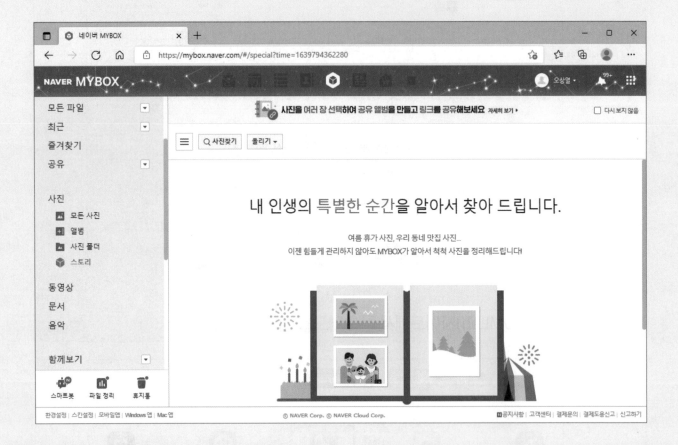

🔍 무엇을 배울까?

01. 네이버 회원가입하기

02. 사진을 클라우드에 보관하기

03. 저장된 자료를 다운로드하기

01 엣지 브라우저를 실행한 후 **네이버**를 입력한 후 Enter 를 눌러서 검색합니다.

02 검색된 화면에서 **네이버-NAVER** 링크를 클릭해서 네이버 사이트로 이동합니다.

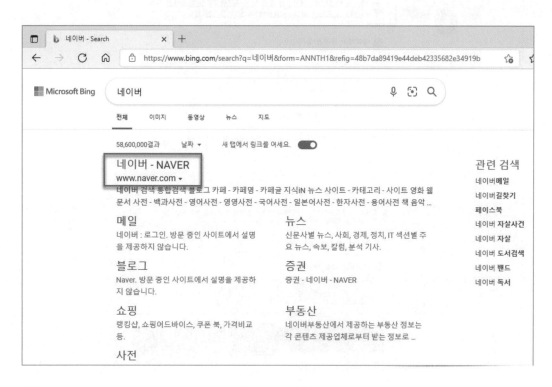

03 화면에서 로그인을 할 수 있는 버튼 주변에 **회원가입**을 찾아서 클릭합니다. 이미 네이버 회원가입이 되어있으면 가입하지 않습니다.

04 ❶네이버 이용약관, 개인정보 수집에 모두 동의를 클릭한 후 ❷확인을 클릭합니다.

05 아이디, 비밀번호, 이름, 생년월일, 성별을 차례대로 입력합니다. 화면이 크면 다른 내용도 보이지만 안보이면 스크롤바를 아래로 내리면 다음 내용이 나옵니다.

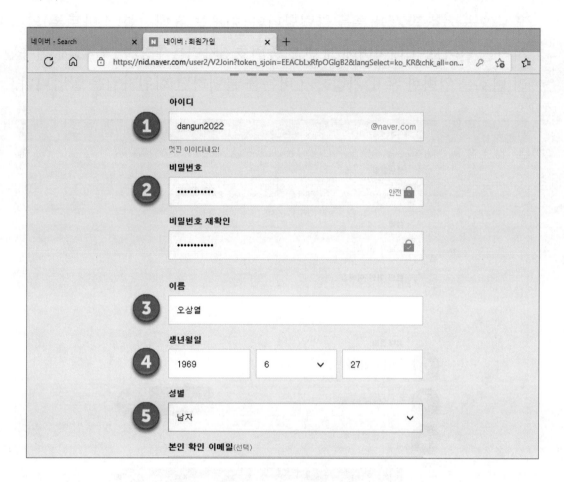

❶ 아이디는 반드시 영어 소문자로 시작해서 **숫자**를 함께 입력해서 사용해야 합니다. 다른 사이트에서 사용하는 아이디를 함께 사용이 가능합니다.

❷ 비밀번호는 영어소문자, 숫자, 특수문자를 함께 사용해서 만들어야 하며, 비밀번호 재확인 칸에도 동일하게 입력해서 확인합니다.

❸ 이름은 띄어쓰기 하지 않고 입력합니다.

❹ 생년월일에서 년도는 4자리로 입력하고, 월은 드롭다운을 눌러서 고른 후 일은 2자리로 입력합니다.

❺ 성별은 본인이 원하면 선택할 수 있으며 원하지 않을 경우 **선택안함**을 골라서 사용해도 됩니다.

06 본인 확인 이메일은 선택사항이라 입력하지 않아도 됩니다. 본인 확인을 위해 ❻ 휴대전화가 선택된 상태로 그대로 건들지 않은 상태에서 ❼ 휴대전화번호를 01012345678과 같이 -(대시)를 입력하지 않고 **휴대폰번호 숫자**만 입력한 후 ❽ 인증번호 받기 버튼을 클릭합니다. 이제는 휴대전화(스마트폰)의 문자메시지를 열어보면 네이버에 보낸 인증번호 6자리를 확인한 후 ❾에 전송된 6자리 번호를 입력한 후 ❿ 가입하기 버튼을 클릭하면 회원가입은 끝납니다.

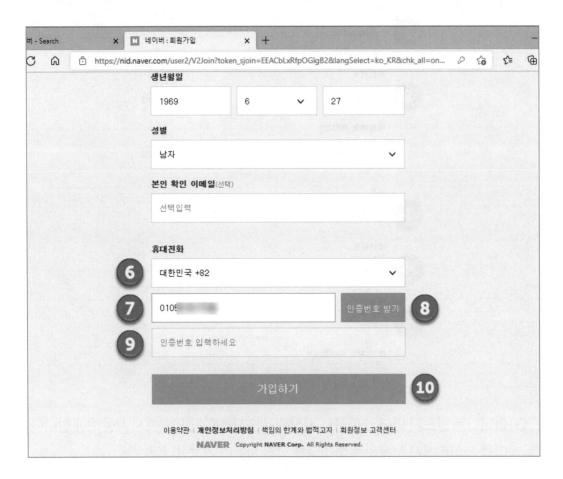

※ 인증번호를 발송한 후 30분 내에 인증번호 입력하세요라는 칸에 입력하면 됩니다. 혹시 인증번호가 오지 않는다면 이미 가입된 번호이거나, 가상전화번호는 인증번호를 받을 수 없습니다. 또한 인증번호가 오지 않는 경우가 있다면, 네이버(☎1588-3820)에서 보내는 문자를 차단했을 수 있기 때문에 문자메시지 설정에서 수신차단을 해제한 후 다시 인증번호 받기를 해야 합니다.

※ 휴대전화 인증을 통해 가입할 수 있으며, 동일한 번호로 한달에 1번, 6개월에 3회, 최대 3개의 아이디만 가입 가능합니다. 아이디 한 개를 탈퇴를 한 후 재가입을 할 수는 있으나, 정보가 파기될 때 까지 데이터 처리에 시간이 최대 5일이 소요되어 즉시 재가입은 불가합니다.

01 네이버 사이트의 홈페이지(처음페이지)에서 **로그인**을 클릭합니다.

02 ❶**네이버 아이디**와 **비밀번호**를 정확하게 입력한 후 ❷**로그인** 버튼을 클릭합니다. 이때, 로그인 상태유지의 **체크가 해제된 상태**인지 확인합니다. 만약 여러 사람이 사용하는 공용PC라면 QR코드 로그인을 사용하면 안전하게 사용할 수 있습니다.

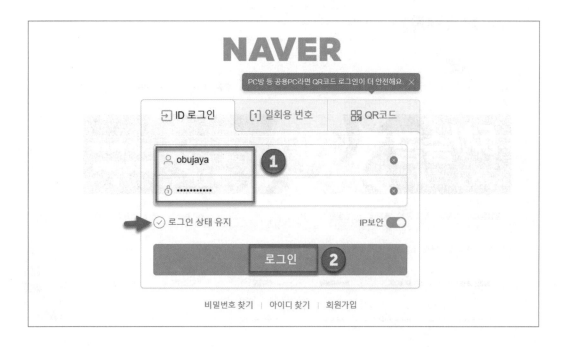

03 새로운 기기(브라우저)에서 로그인되었다는 메시지가 나오는데 자주 사용하는 기기라면 등록을 누르고, 그렇지 않다면 등록안함을 누르면 되는데 가급적 안전한 사용을 위해서 **등록안함**을 누릅니다.

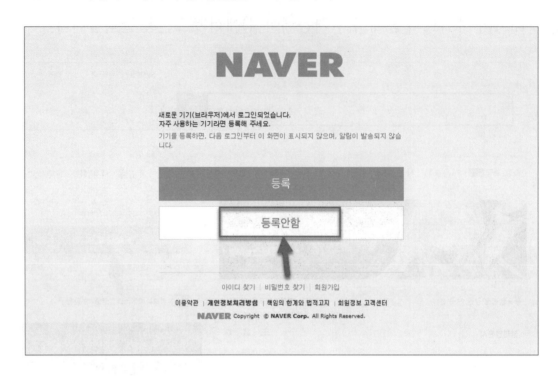

04 네이버 내비게이션 바에 있는 **메일**을 클릭합니다. 물론 여기서 네이버 마이박스를 검색해서 링크를 타고 가도 됩니다. MYBOX라는 링크를 누르면 무조건 이동하게 됩니다.

05 네이버 메일이 열리면 상단에 위치한 여러 가지의 앱(도구) 아이콘이 보이는 데 여기서는 **5번째에 있는 아이콘**이 마이박스에 해당합니다. 클릭해서 이동합 니다.

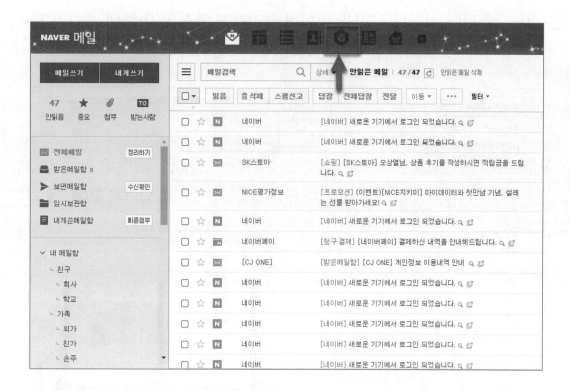

06 네이버 마이박스가 펼쳐지는데 아래의 화면은 마이박스를 처음 열게 되었을 때 나오는 장면이고, 설정이 다르게 되어 있으면, 아래처럼 보이지 않고, 설정 한 화면으로 보이게 됩니다.

01 내 컴퓨터에 저장된 사진을 네이버 클라우드에 **올리기** 위해 올리기 단추를 클릭합니다. (**스토리**가 클릭된 상태에서 진행합니다)

02 올리기 드롭다운을 클릭하면 파일 올리기와 폴더 올리기가 나오는데 여기서는 파일을 올릴 것이기 때문에 **파일 올리기**를 클릭합니다.

03 업로드할 샘플파일을 이용할 것이므로, **❶사진** 라이브러리를 클릭한 후 **❷컴퓨터활용1**을 클릭한 후 **❸열기**를 클릭합니다.

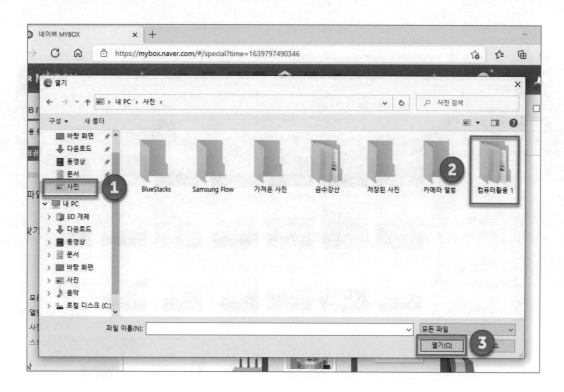

04 PPT와 여행앨범 폴더가 있는데 여기서는 **❹여행앨범**을 선택한 후 **❺열기**를 클릭합니다. 실제 여러분이 올릴 사진이 들어있는 폴더를 선택하는 것이 맞지만 여기서는 연습을 위한 것입니다.

05 보이는 사진에서 사진 4장을 선택하기 위해 ❶01 사진에 클릭한 후 ❷04 사진에 Shift 를 누른 상태에서 클릭한 후 ❸열기 버튼을 클릭합니다.

06 사진(파일)을 올려 놓을 장소를 선택해야 하는데 원하는 폴더가 없을 것입니다. MYBOX(루트)를 클릭하면 새폴더 만들기가 나옵니다.

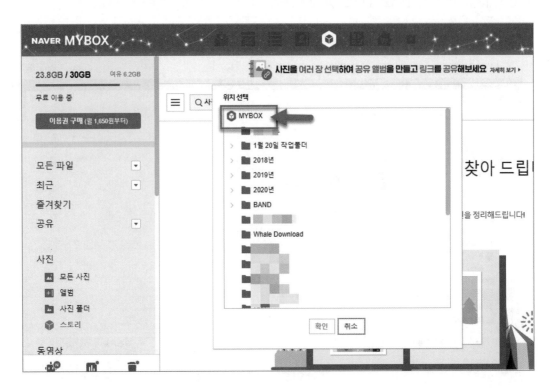

07 오른쪽 상단에 **새폴더 만들기**가 보이게 되는데, 클릭해서 폴더를 만들어주는 것이 좋습니다. 사진을 아무곳에나 보관하면 관리가 잘 안되므로 정리정돈을 잘하려면 폴더를 이용하세요.

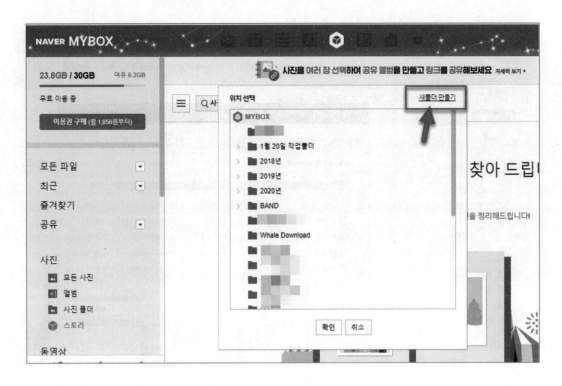

08 새 폴더가 파란색으로 나오는데 **정동진**을 입력한 후 반드시 Enter를 누릅니다. **확인**을 클릭하는 순간 업로드가 진행이 됩니다.

09 네이버 MYBOX 올리기 대화상자가 나오는데 파일을 4장만 올렸기 때문에 100% 완료가 바로 끝납니다. 전송용량이 많으면 시간이 많이 걸릴 수 있습니다. **완료**를 눌러서 창을 닫아줍니다.

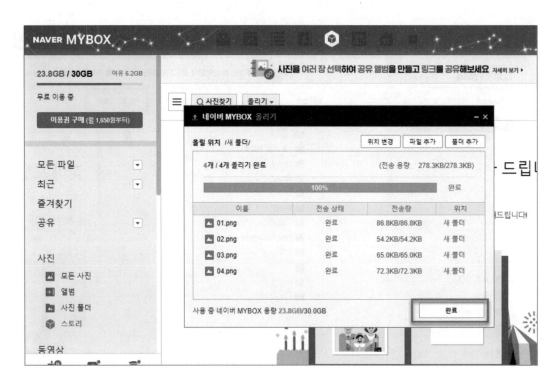

10 파일 올리기가 완료된 후 왼쪽 창에서 사진그룹에 있는 ❶**사진 폴더**를 클릭하고 오른쪽 창에서 ❷**정동진** 사진 폴더를 눌러서 업로드한 사진 4장이 잘 올라 왔는지 확인합니다.

01 왼쪽 창 카테고리에서 **모든 파일**의 드롭다운 버튼을 클릭해서 폴더를 확장해서 볼 수 있습니다.

02 왼쪽 창에 **정동진** 폴더를 클릭하면 오른쪽 창에 파일들이 보입니다. 왼쪽 폴더 창에서 사진(파일)이 있는 폴더를 선택하면 오른쪽으로 파일이나 폴더가 보이게 됩니다.

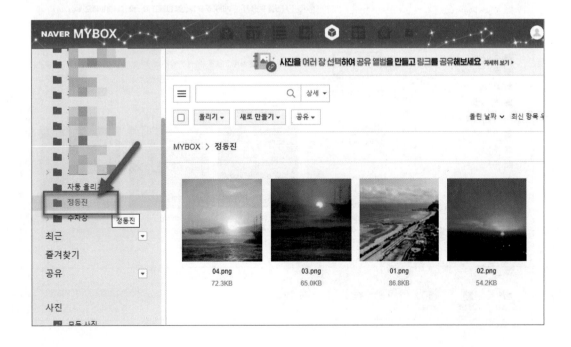

03 다운로드할 파일에 마우스를 올려놓은 후 옵션 버튼을 클릭해서 다운로드할
파일을 선택합니다. 여기서는 4개의 파일을 선택하도록 합니다.

04 내려 받을 파일을 선택하면 아래처럼 내려받기 버튼이 나오는데 파일을 선택
하지 않으면 올리기 버튼이 됩니다. **내려받기** 버튼을 클릭합니다.

05 여러 개의 파일을 다운로드할 경우에는 허용할 것인지, 거부할 것인지 묻는 상자가 나오게 되는데 반드시 **허용**을 눌러서 다시 다운로드를 시도합니다.

06 상단 도구 모음줄에 다운로드 결과상자가 나옵니다.

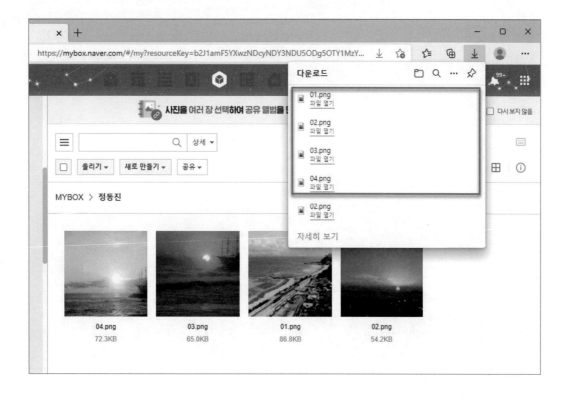

07 내려받는 위치는 자동으로 **다운로드** 라이브러리로 정해져 있으므로 파일 탐색기를 실행한 후 확인합니다.

혼자 해 보기

1 **사진** 라이브러리에 있는 **컴퓨터활용1 - PPT** 폴더의 사진 10장을 네이버 마이박스에 **PPT** 폴더를 만들어서 업로드해 보세요.

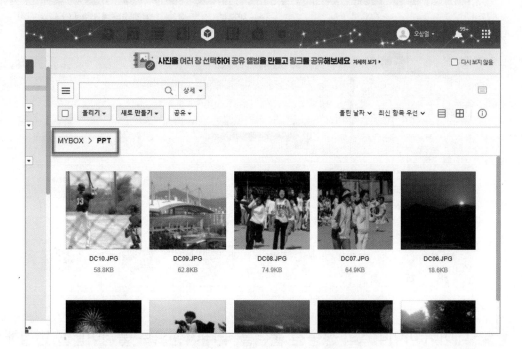

2 네이버 마이박스의 **PPT** 폴더에 올려진 **사진 4장**을 선택해서 내 PC의 **다운로드** 라이브러리에 다운로드해 보세요.

❸ 네이버 마이박스의 **PPT** 폴더를 **정동진** 폴더로 이동해 보세요. 이동할 때 옮길 폴더가 보이면 이동할 폴더를 드래그하는 것이 가장 쉽고 빠르게 작업할 수 있습니다.

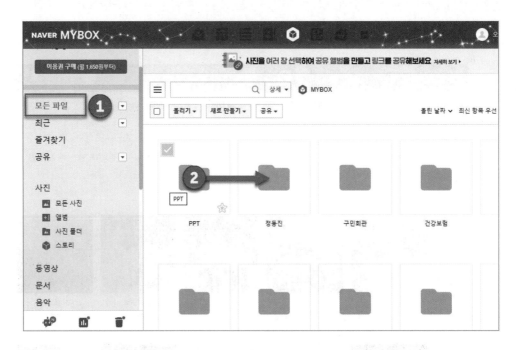

❹ 네이버 마이박스의 **정동진** 폴더를 **국내여행**으로 폴더이름을 변경해 보세요. 이름을 바꿀 폴더에 마우스 오른쪽을 클릭해서 이름바꾸기를 하는 것도 또 다른 방법입니다.

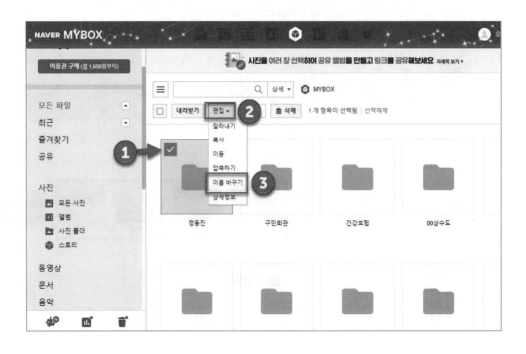

마이박스에서 자동 다운로드 차단을 허용으로 설정하는 방법

01 마이박스에서 여러 개의 파일을 다운로드할 때 허용을 누르지 않으면 다운로드 가 진행되지 않으므로 허용할 수 있도록 다시 설정을 해야 합니다.

02 엣지 브라우저의 우측 상단의 **...(더보기)**을 클릭한 후 **다운로드**를 클릭합니다.

03 다운로드 대화상자가 열리면 **...(더보기)**를 클릭합니다.

04 **다운로드 설정**을 클릭합니다. 여기서 모든 다운로드 기록 제거를 누르면 다
운로드 받은 목록만 제거되며, 다운로드한 파일이 삭제되는 것이 아닙니다.

05 왼쪽 설정창에서 **쿠키 및 사이트 권한**을 클릭한 후 오른쪽 사이트 사용권한
에서 **최근 활동** 그룹에 보면 https://mybox.naver.com이 있는데 **확장** 버
튼을 클릭합니다.

06 마이박스에 설정된 목록이 보이는데 여기서 **자동 다운로드**를 보면 **차단**이라고 되어있어서 다운로드가 되지 않는 것입니다. 이것을 **허용**으로 변경합니다. **요청(기본값)**을 선택하면 허용할 것인지, 차단할 것인지 선택하는 대화상자가 나오게 됩니다.

07 이제 상단의 **설정 탭**을 닫은 후 다운로드를 시도하면 다운로드를 받을 수 있게 됩니다.

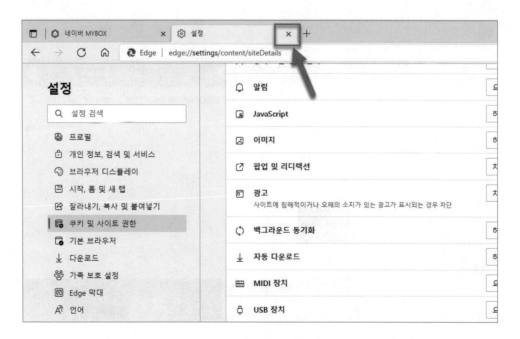

08 상단에 설정 업데이트를 보려면 페이지를 새로 고치세요라고 나오는데 **새로
고침**을 클릭하거나 키보드 F5 키를 누릅니다.

※ **새로고침**은 단축키 Ctrl + R 또는 F5 를 눌러서 작업할 수 있으며, 빈 바탕화면에 마우
스 오른쪽을 클릭해서 **새로고침**을 선택할 수도 있습니다. 주소표시줄에 있는 **새로고침**
을 눌러도 됩니다.

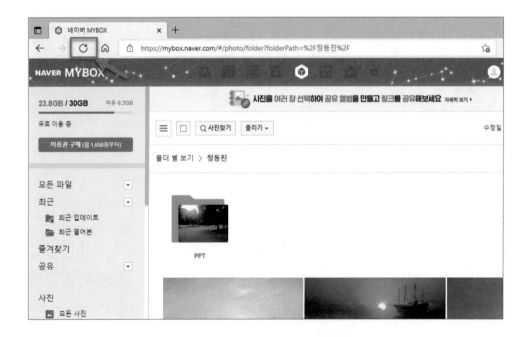

Chapter

08 내 PC 최적화하기

하드 드라이브의 공간을 늘려주는 디스크 정리 방법과 저장된 파일을 다시 순서대로 정렬하여 속도를 최대화할 수 있는 디스크 조각모음, 프로그램 추가/제거에 대해 알아보도록 하겠습니다.

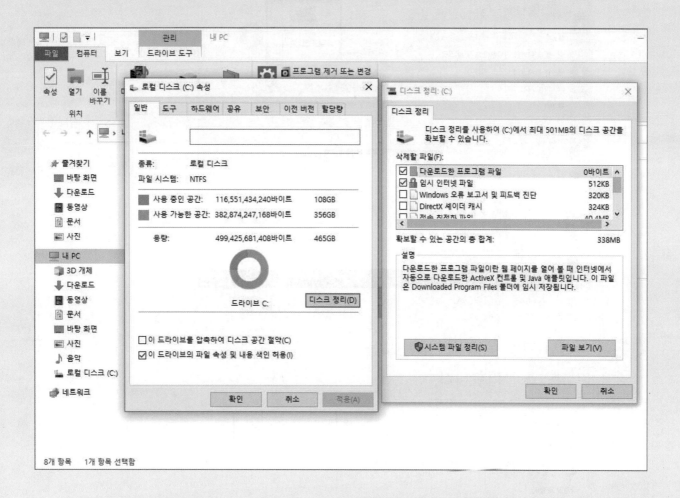

무엇을 배울까?

01. 디스크 정리를 통해 불필요한 파일을 정리하기

02. 드라이브 조각모음 및 최적화를 통해 디스크 속도 빠르게 하기

03. 윈도우10 최적화 속도 향상 시키기

01 ❶돋보기(검색) 버튼을 클릭한 후 ❷디스크를 입력한 후 검색된 ❸디스크 정리를 클릭합니다.

02 삭제할 파일 목록상자에서 모든 항목을 스크롤바를 이용해 이동한 후 체크하고 **확인**을 클릭합니다.

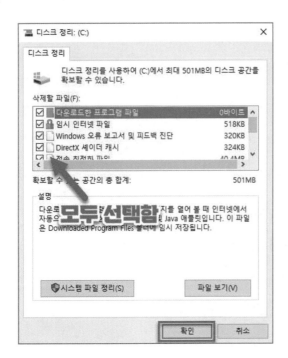

03 디스크 정리 창에서 **파일 삭제** 버튼을 클릭합니다,

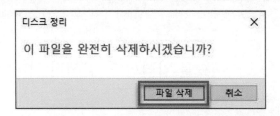

04 아래 그림처럼 파일 정리 작업을 한 후 정리가 끝나면 작업창이 자동으로 닫힙니다.

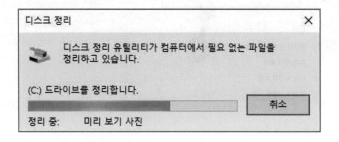

※ 다른 방법으로 ❶내 PC를 실행한 후 ❷로컬디스크(C:)에 마우스 오른쪽을 클릭해서 ❸속성을 들어가서 ❹디스크 정리를 눌러도 됩니다.

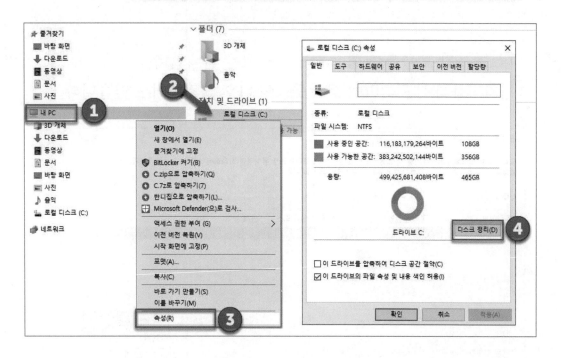

※ 디스크 정리를 하면 불필요한 공간 및 컴퓨터가 사용하던 필요 없는 임시파일 등을 정리해서 공간을 확보할 수 있습니다.

01 ❶돋보기(검색) 버튼을 클릭한 후 ❷드라이브를 입력한 후 검색된 결과인 ❸드라이브 조각 모음 및 최적화를 클릭합니다.

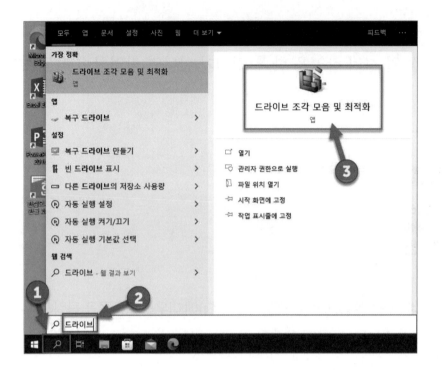

02 디스크 조각 모음을 실행할 하드 디스크를 선택한 후 최적화 버튼을 클릭합니다. 최적화 대신 드라이브 조각 모음이 나오는 컴퓨터도 있습니다.

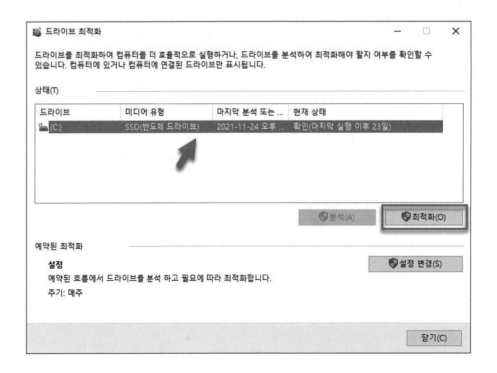

03 드라이브를 최적화하기 위해 분석을 확인하는 과정이 진행되는 화면이 나옵니다.

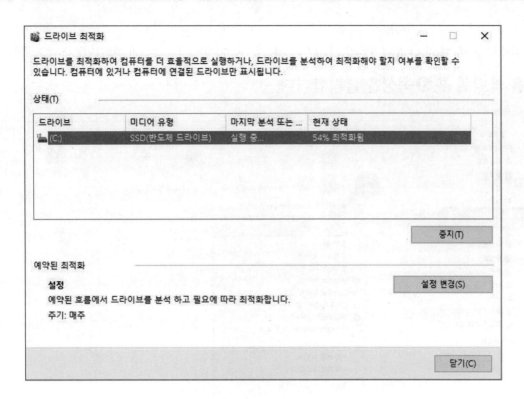

04 **최적화(드라이브 조각모음)** 버튼을 클릭하면 드라이브의 종류에 따라 최적화 또는 조각모음이 끝나면 **닫기** 버튼을 클릭합니다.

다른 방법으로 드라이브 조각모음 및 최적화하기

01 파일 탐색기에서 ❶내 PC를 클릭한 후 작업할 디스크에 ❷마우스 오른쪽 버튼을 클릭한 후 ❸속성을 클릭합니다.

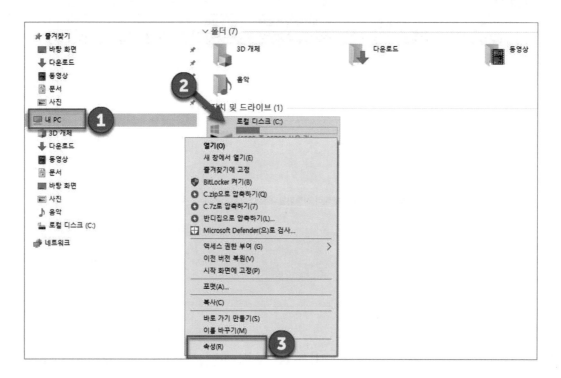

02 ❹도구 탭을 클릭한 후 ❺최적화(지금 조각 모음) 버튼을 클릭하면 조각 모음을 할 수가 있습니다.

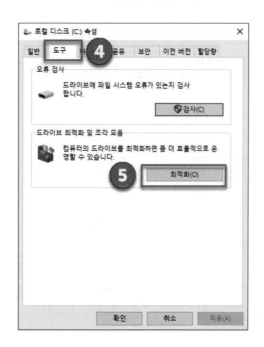

■ 전원 설정에서 "고성능"으로 변경하기

가장 기본적인 윈도우10 최적화 설정으로, 기본 전원 관리 옵션을 "균형" 또는 "절전"으로 사용하는 경우 PC 속도가 느립니다. 이 설정은 에너지 절약을 위해 PC 성능을 떨어뜨립니다. 전원 관리 옵션에서 "절전"을 "고성능" 또는 "균형"으로 변경하면 즉시 성능이 향상됩니다. 컴퓨터의 사양과 구성에 따라 종류가 다르게 표시되는 경우도 있으나 절전을 고성능 또는 균형으로만 변경해도 됩니다.

01 ❶시작 버튼을 클릭한 후 ❷설정을 클릭합니다.

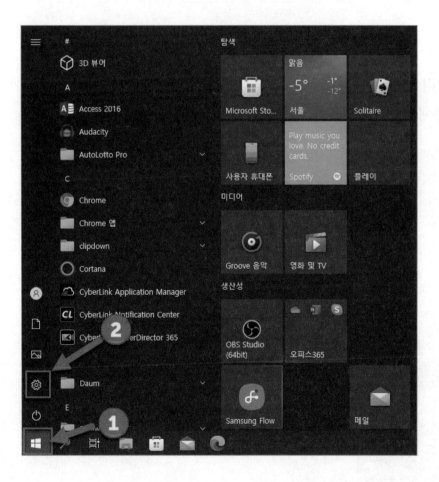

02 설정 창이 열리면 **시스템**(디스플레이,소리,알림,전원)을 클릭합니다.

03 왼쪽 카테고리 창에서 ❶**전원 및 절전**을 선택한 후 오른쪽 아래로 이동한 후 관련 설정 그룹에서 ❷**추가 전원 설정**을 클릭합니다.

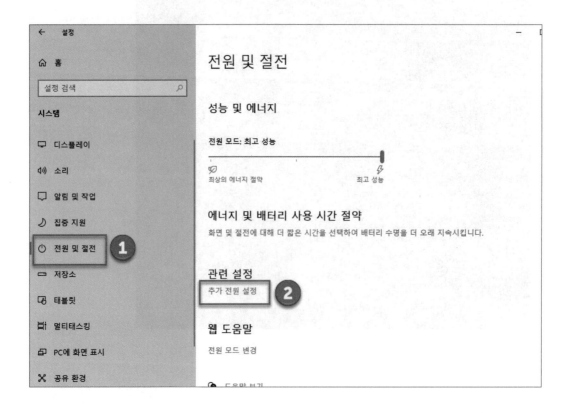

04 전원 관리 옵션 창이 열리는데, 하드웨어 상황에 따라 나오는 창이 다를 수 있지만 기본 전원관리 옵션에 **절전**으로 선택이 되어 있을 경우에 **균형 조정(권장)**을 선택합니다. 하지만 아래와 같이 기본 전원관리 옵션에 CPU이름이 있으면 그것을 선택하는 것이 좋습니다.

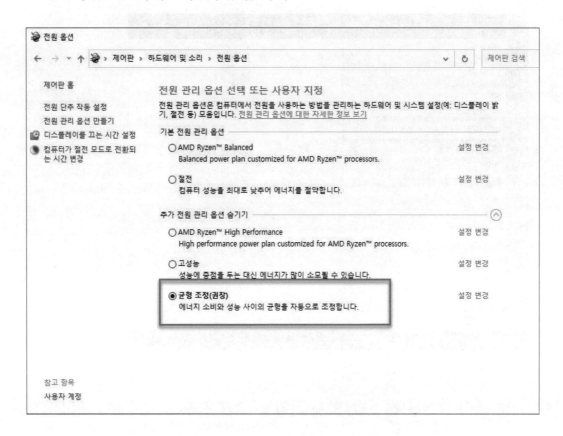

※ 고성능은 가장 강력하고 컴퓨터 성능 위주의 전원 관리 옵션입니다.

※ 균형조정은 전력 사용과 성능 향상 사이에서의 중간 지점 전원 관리 옵션입니다.

※ 절전은 많은 배터리 수명을 제공하기 위해 가능한 모든 기능을 사용하는 전원 관리 옵션입니다.(노트북을 사용할 경우)

■ 저장 공간 자동으로 정리하기

01 내 PC 저장소 관리를 위해 작업표시줄의 **돋보기(검색)**을 눌러서 **저장소**를 입력한 후 **저장소 센스의 공간 확보방법 변경**을 클릭합니다.

02 저장 공간 센스를 **켬**으로, **임시 파일**을 체크한 후 스크롤을 내려 지금 공간 확보 옵션의 **정리 시작**을 클릭합니다.

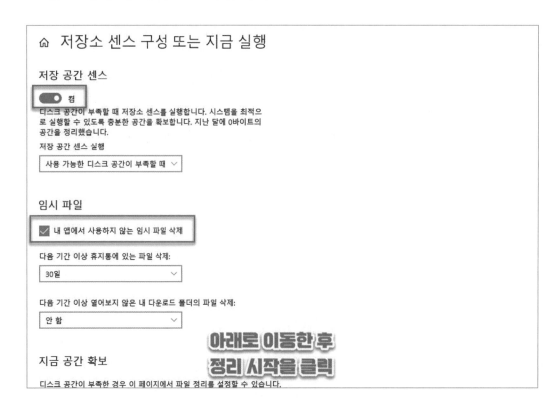

03 정리시작을 하게 되면 아래와 같이 정리작업을 진행하며, 끝나면 정리시작 버튼 아래에 얼마의 공간이 확보됨을 확인할 수 있습니다. 저장 공간이 부족할 경우 사용해 보세요.

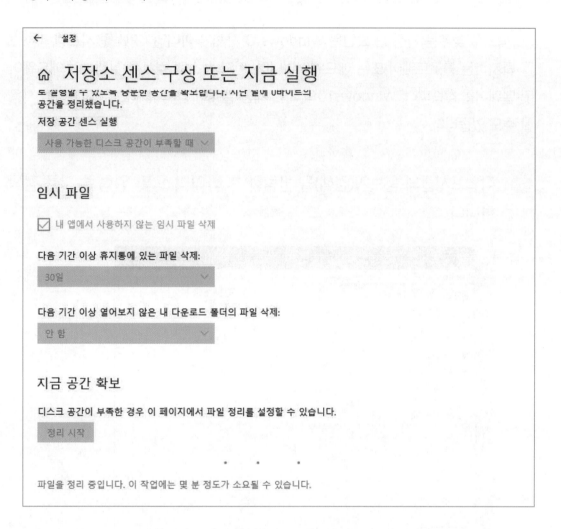

※ 이렇게 하면 Windows는 지속적으로 PC를 모니터링하고 더 이상 필요 없는 오래된 정크 파일(임시 파일, 한 달 동안 변경되지 않은 다운로드 폴더의 파일 및 오래된 휴지통 파일)을 삭제합니다.

※ 표시되는 화면에서 저장 공간 센스가 파일을 삭제하는 빈도(매일, 매주, 매월 또는 저장 공간이 부족한 경우)를 변경할 수 있습니다.

PC 속도를 늦추는 가장 큰 요인은 Windows10 자체가 아니라 CPU 및 시스템 리소스를 차지하는 블로트웨어 또는 애드웨어입니다. 먼저 시스템 검사를 실행하여 애드웨어 및 맬웨어를 찾습니다. Windows10의 기본 제공 맬웨어 방지 앱 윈도우 디펜더를 사용할 수도 있습니다.

1 작업표시줄의 돋보기(검색)을 클릭한 후 **바이러스 및 위협 방지**를 검색합니다.

2 **빠른 검사**를 클릭합니다.

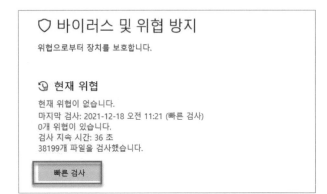

엣지 브라우저 사용하기

정보의 바다 인터넷에서 서비스를 보여주는 웹 브라우저 중 엣지(Edge) 브라우저의 환경을 설정하고 사용하는 방법을 알아보도록 하겠습니다.

🔍 무엇을 배울까?

01. 마이크로소프트 엣지 브라우저 화면 구성 살펴보기

02. 새 탭과 홈 버튼 생성하기

03. 시작 페이지 추가 및 변경하기

04. 엣지 배경화면과 사이트 아이콘 설정하기

❶ **뒤로/앞으로** : 방문한 웹 페이지로 이동하거나 다음 페이지로 이동할 때 사용합니다.

❷ **새로 고침** : 현재 웹 페이지의 변경된 내용을 다시 불러옵니다.

❸ **홈 버튼** : 엣지 브라우저가 실행될 때 처음 나타난 페이지를 다시 보여줍니다.

❹ **주소표시줄** : 현재 사이트의 주소가 표시되며 사이트를 이동할 때도 사용하며, 검색 또한 가능합니다.

❺ **즐겨찾기에 추가** : 자주 사용하는 웹 사이트를 등록하거나 이동할 때 사용합니다.

❻ **즐겨찾기 목록** : 즐겨찾기를 모아둔 것을 목록으로 보여줍니다.

❼ **컬렉션** : 검색해서 보고 있는 데이터를 브라우저에 모아두는 기능을 합니다.

❽ **프로필** : 엣지 브라우저에 로그인을 할 수 있습니다.

❾ **설정** : 엣지 브라우저의 다양한 환경 설정을 하는 곳입니다.

❿ **새 탭** : 엣지 브라우저의 첫 웹 페이지로 이동합니다.

❶ **검색상자** : 엣지 브라우저에서 검색엔진을 통해 원하는 내용을 검색하는 곳입니다.

❷ **알림** : 엣지 브라우저에서 알려주는 공지사항이나 새로운 피드가 있을 경우 숫자 배지가 보입니다.

❸ **페이지설정** : 심플, 이미지형, 콘텐츠형, 사용자지정으로 레이아웃이 구성되어 있습니다. 페이지를 다양한 형태로 볼 수 있습니다.

❹ **사이트** : 자주 가는 사이트가 등록된 곳으로, 자동으로 등록이 되기도 합니다.

❺ **사이트 추가** : 자주 가는 사이트를 버튼 형식으로 추가합니다.

❻ **배경화면 변경** : 이것은 보이지 않을 때도 있으며, 페이지의 배경을 변경할 수 있습니다.

❼ **콘텐츠** : 엣지 브라우저가 Bing 검색엔진을 이용해서 볼 만한 내용을 보여주는 영역입니다.

❽ **날씨** : 현재 인터넷이 연결된 지역의 날씨를 보여줍니다.

❾ **앱 시작관리자** : 마이크로소프트365 앱 등을 실행할 수 있도록 합니다. M365 앱을 설치하도록 유도하는 곳이므로 현재로서는 누를 필요가 없습니다.

01 엣지 브라우저 오른쪽 상단의 **❶**...(더보기)를 클릭한 후 **❷**설정을 클릭합니다.

02 설정 창이 열리면 좌측 카테고리에서 **시작, 홈 및 새 탭**을 클릭합니다.

03 홈 단추 그룹에서 ❶을 클릭해서 활성화(ON)한 후, ❷선택 버튼을 클릭하고
❸https://google.com을 입력한 후 ❹저장을 클릭합니다.

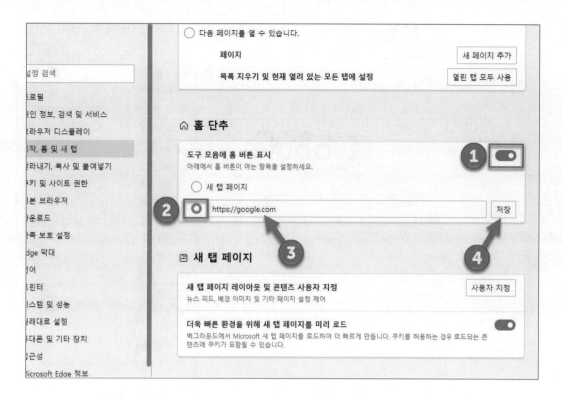

04 엣지 브라우저 상단의 새로고침 옆에 홈 버튼이 고정된 것을 확인할 수 있습니
다. 이제는 **홈 버튼**을 클릭하면 **구글 사이트**가 화면에 열리게 됩니다.

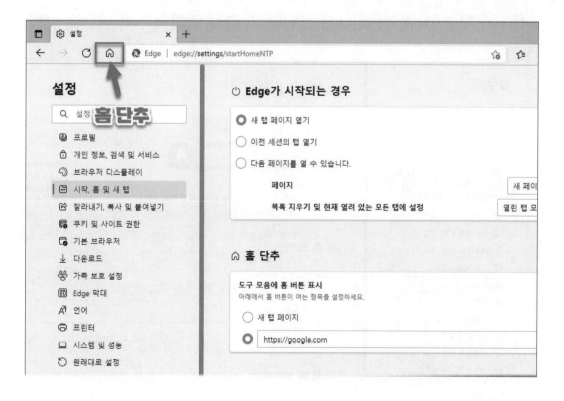

05 엣지 브라우저가 열릴 때 네이버 사이트가 열리도록 작업을 하려면, 먼저 엣지 브라우저의 우측 상단의 ❶...(더보기)를 클릭한 후 ❷설정을 클릭합니다.

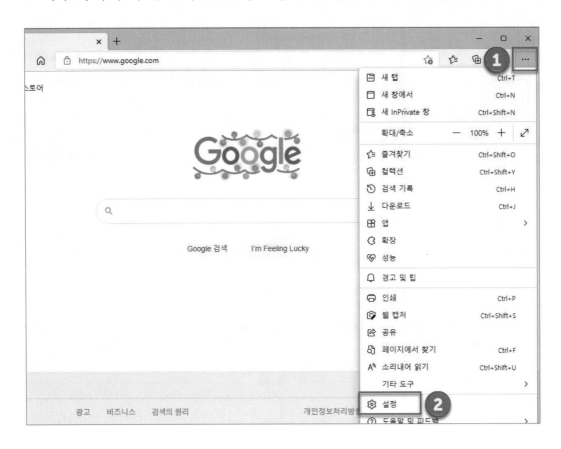

06 설정 창의 왼쪽 카테고리에서 ❸시작, 홈 및 새 탭을 선택하고, 오른쪽 창의 ❹다음 페이지를 열 수 있습니다를 클릭하고, ❺새 페이지 추가 버튼을 클릭합니다.

07 네이버 사이트의 URL을 입력하면 됩니다. URL 입력 칸에 **https://naver. com**을 입력한 후 ❷**추가**를 클릭합니다.

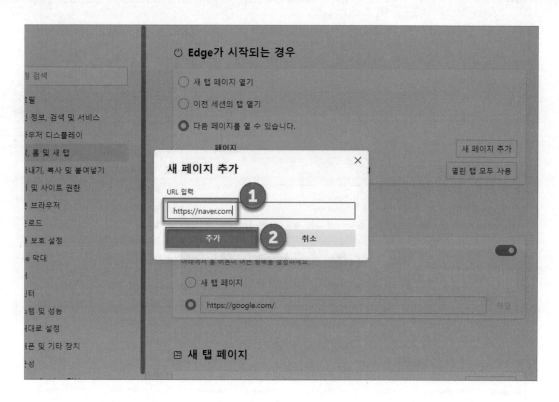

08 엣지 브라우저가 처음 열리게 되었을 때 이제부터는 네이버 사이트가 열리게 됩니다. 엣지 브라우저를 닫은 후 다시 실행해서 잘 되었나 확인합니다.

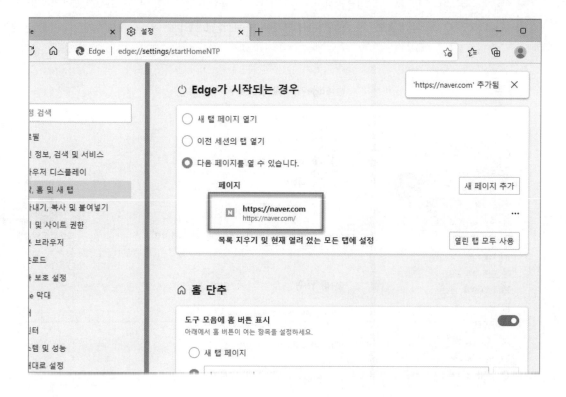

01 엣지 브라우저를 실행한 후 우측 상단의 ....(더보기)를 누른 후 **설정**을 누릅니다.

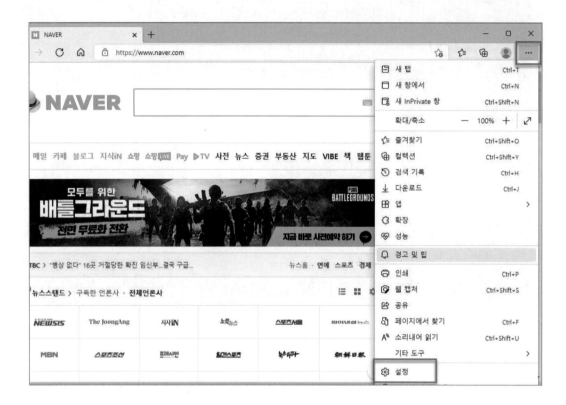

02 ❶**시작, 홈 및 새 탭** 카테고리를 클릭한 후 오른쪽 창에서 시작 페이지로 정해진 사이트 오른쪽 ❷**추가 작업** 버튼을 클릭합니다.

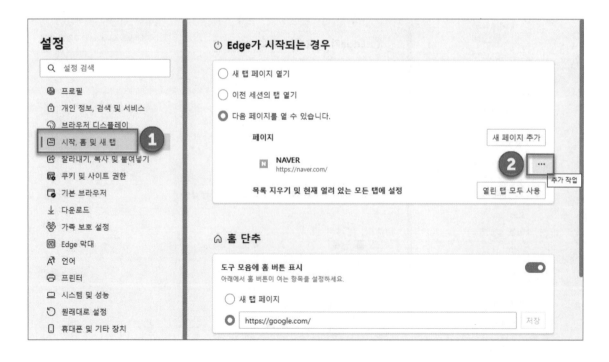

03 편집과 삭제가 나오면 **편집**을 클릭합니다.

04 페이지 편집 대화상자가 나오면 기존의 웹 주소를 지운 후 https://daum.net 를 입력하고 **저장**을 클릭합니다. 엣지 브라우저를 닫은 후 엣지 브라우저를 실행하면 다음 사이트가 열리게 됩니다.

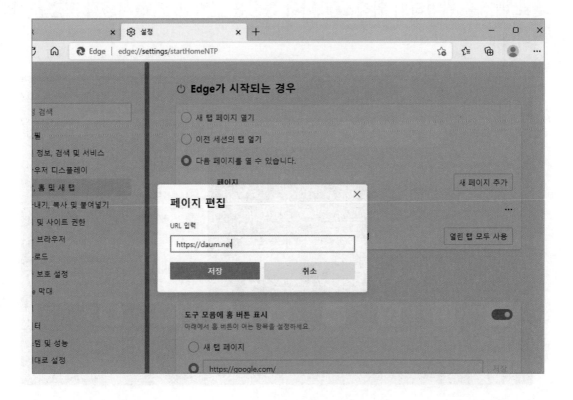

01 엣지 브라우저에서 ...(더보기)를 클릭한 후 **설정**을 눌러서 아래와 같이 **새 탭 페이지 열기**로 변경한 후, 엣지 브라우저를 다시 시작합니다.

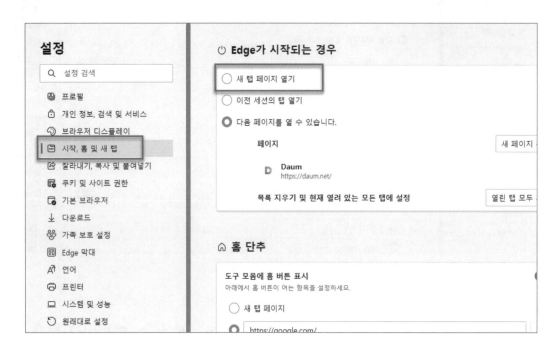

02 심플, 이미지형, 콘텐츠형이 있는데 여기서는 내 PC에 저장되어 있는 사진으로 배경을 변경하기 위해 **❶페이지 설정**을 클릭한 후 **❷사용자 지정**을 클릭합니다.

03 ❸**사용자 지정 이미지** 선택 버튼을 클릭한 후 ❹**업로드** 버튼을 클릭합니다.

04 샘플 파일중 **사진** 라이브러리의 **컴퓨터활용1** 폴더안에서 PPT 폴더에 있는
❺**DC34** 파일을 선택한 후 ❻**열기**를 클릭합니다.

05 사용자가 가지고 있는 사진으로 배경이 설정되었습니다. 대화상자를 닫기를 눌러서 닫아주면 되는데, 배경이 마음에 들지 않을 때는 제거를 누른 후 **오늘의 이미지**를 눌러주세요.

06 이번에는 엣지 브라우저를 이용하여 자주 방문하는 사이트를 등록하는 방법을 알아보겠습니다. 엣지 브라우저의 페이지 창에서 **+(사이트 추가)**를 클릭합니다.

07 웹 사이트 추가 창이 열리면 이름 상자에는 **네이버**를 입력하고, URL상자에는 https://naver.com을 입력한 후 **추가** 버튼을 클릭합니다. 다른 사이트를 추가할 때도 동일한 방법으로 입력하면 됩니다.

08 이름을 잘못 입력했을 경우에는 해당 아이콘의 **기타옵션**을 눌러서 **이름 바꾸기**를 클릭하여 변경하고, 제거하려면 **기타옵션**을 누른 후 **제거**를 클릭하면 됩니다.

1 네이버와 네이트를 홈 페이지에 새 탭으로 추가해 보세요.

2 엣지 브라우저를 기본 앱으로 지정해 보세요.

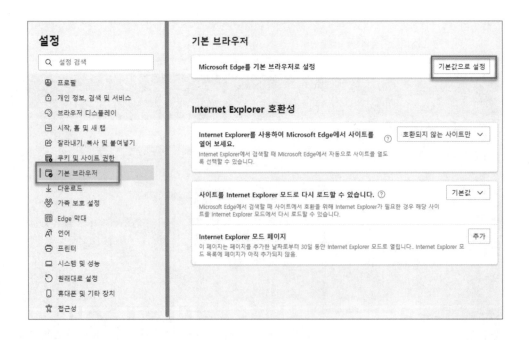

❸ **구글**(https://google.com)와 **유튜브**(https://youtube.com)를 엣지 브라우저에 바로 이동할 수 있도록 추가해 보세요.

❹ 페이지 설정을 **심플형**으로 변경해 보세요.

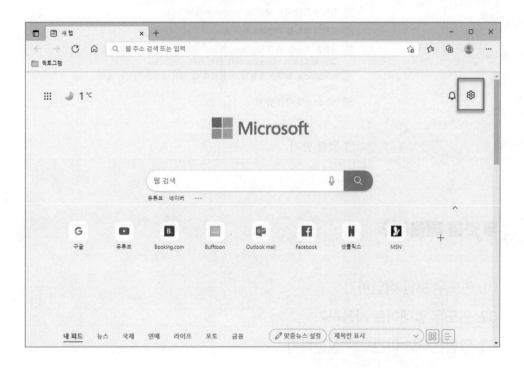

나도 컴퓨터 도사?

윈도우 보안과 업데이트를 습관적으로 해야 윈도우10을 최신 상태와 쾌적한 상태에서 사용할 수 있습니다. 컴퓨터의 상황별 알림센터를 통해서 살펴보고, 야간모드를 사용해서 눈의 피로를 적게 하는 방법을 알아보겠습니다.

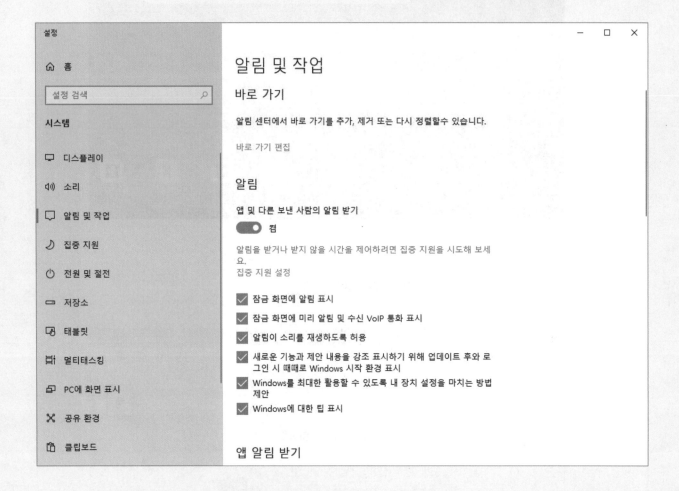

무엇을 배울까?

01. 윈도우 보안 작업하기

02. 윈도우 업데이트 사용하기

03. 알림센터와 야간모드 설정하기

01 작업표시줄의 ❶돋보기(검색)을 클릭한 후 ❷보안을 입력한 후 검색된 결과에서 ❸Windows 보안을 클릭합니다.

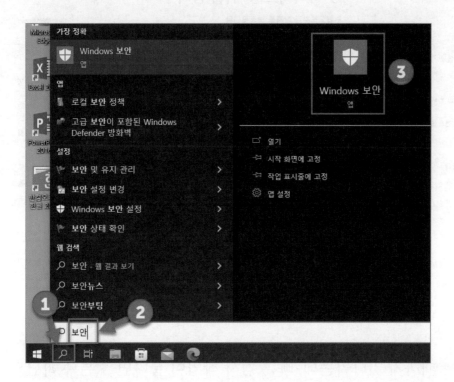

02 바이러스 및 위협 방지를 클릭합니다.

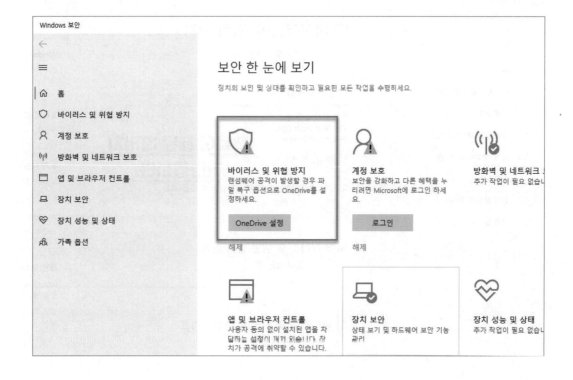

03 현재 위협 그룹을 보면 마지막 검사가 언제였으며, 몇 개의 위협이 있는지, 몇 개의 파일을 검사했는지 나옵니다. **빠른 검사** 버튼을 눌러서 위협 검사를 시작합니다.

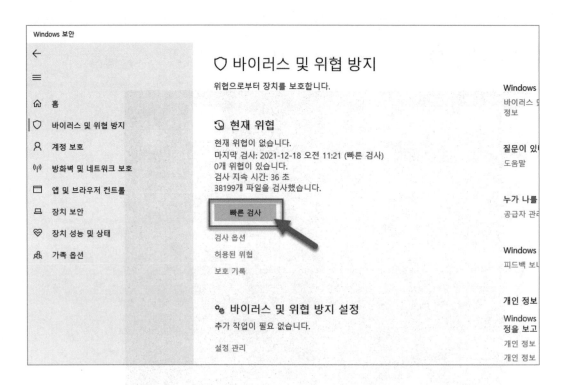

04 작업이 끝날 때까지 기다리는데, 빠른 검사 작업이 끝나면 오른쪽 하단의 알림 창에서 작업 결과를 알려주는 상자가 보입니다.

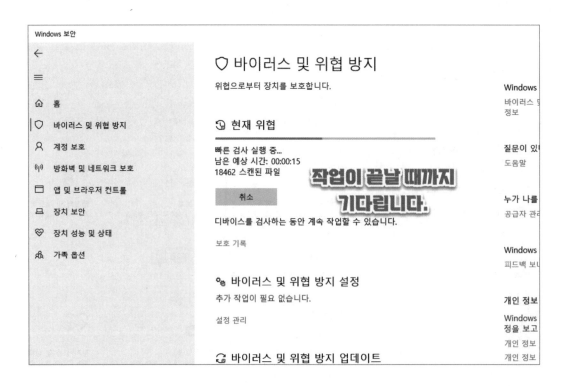

05 이번에는 빠른 검사가 아닌 전체 검사를 하도록 하겠습니다. 실제로 빠른 검사는 정밀하지 않기 때문에 전체 검사를 수행해야 합니다. **검사 옵션**을 클릭합니다.

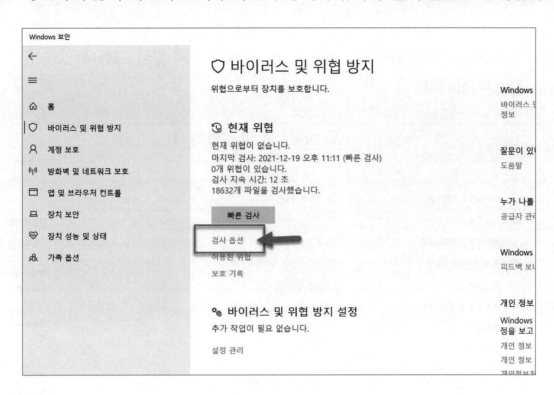

06 **전체 검사**를 체크한 후 아래에 보이는 **지금 검사**를 클릭하면 약 1시간 가까운 시간동안 정밀하게 검사를 하게 됩니다. 본인의 컴퓨터라면 한 번쯤 검사를 시도해 보세요.

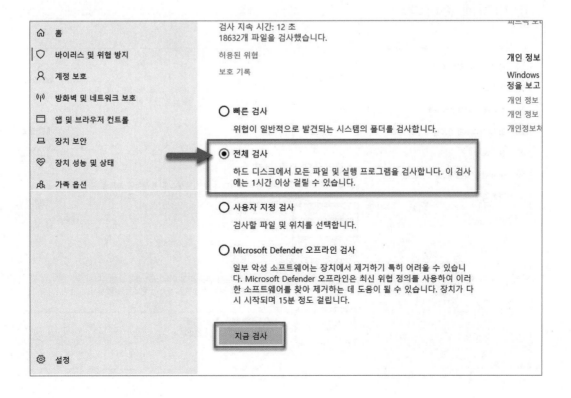

01 Windows 보안 화면에서 **바이러스 및 위협 방지 설정** 그룹에 있는 **설정 관리**
를 클릭합니다.

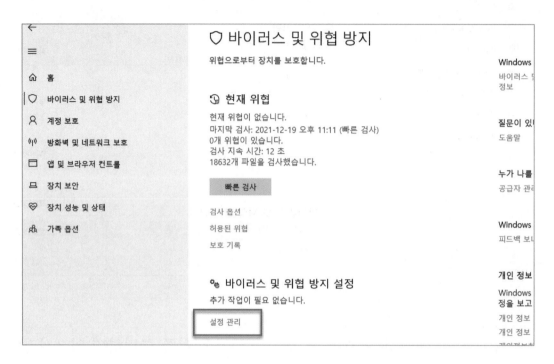

02 실시간 보호, 클라우드 전송 보호는 켬으로 두고, 자동 샘플 전송은 켬을 끔으
로 변경해 줍니다.

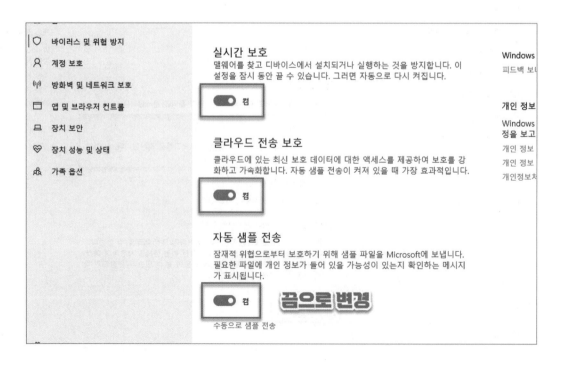

※ **실시간 보호**를 끄면 악성 코드가 있는 앱이 설치될 수 있으므로 반드시 켬으로 두어야 합니다. 간혹 악성 코드는 아니지만 악성 코드로 인식되어 설치가 안되는 앱이 있는데, 이럴 때는 실시간 보호를 끔으로 변경한 후 설치를 진행한 후 설치가 완료되면 다시 실시간 보호를 켬으로 해 줍니다.

※ **알약, 네이버 백신, V3, 바이로봇, 하우리, 터보백신** 등을 설치할 경우, 자체적으로 실시간 검사를 하게 되므로, 윈도우10의 실시간 보호가 자동적으로 꺼짐으로 변경됩니다. 백신 프로그램을 모두 제거하면 윈도우10의 실시간 보호가 자동으로 켬으로 변경됩니다.

03 왼쪽 카테고리에서 **장치 성능 및 상태**를 클릭해서 현재 상황을 확인해 봅니다.

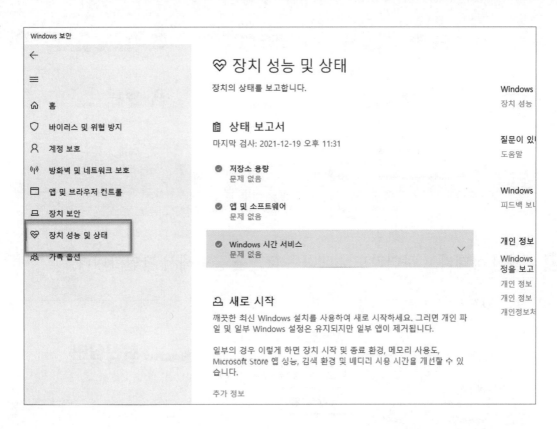

01 시작 버튼을 클릭한 후 설정을 선택해서 아래 화면이 열리면 업데이트 및 보안을 클릭합니다.

02 최신 상태라고 하더라도 업데이트 확인을 클릭해서 확인합니다.

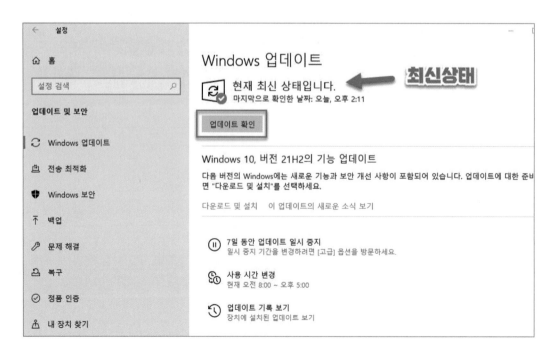

03 기능 업데이트할 사항이 찾아졌으므로 **다운로드 및 설치**를 클릭해서 업데이트를 진행합니다.

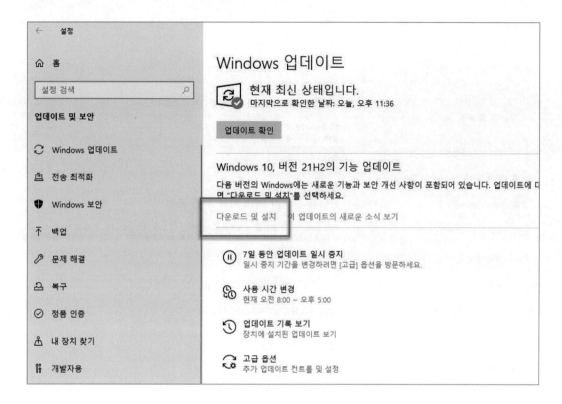

04 다운로드 작업이 100% 진행이 끝날 때까지 기다립니다.

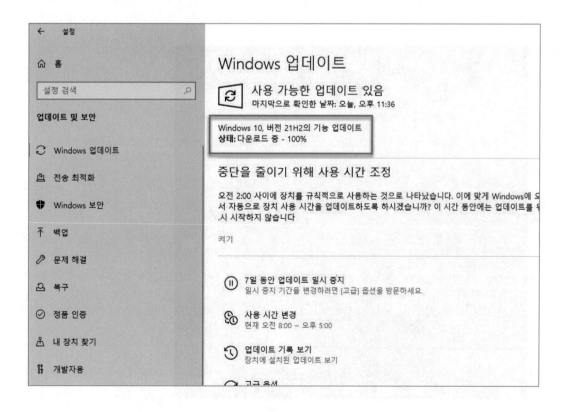

05 지금 다시 시작을 클릭해서 재부팅을 해야 합니다. 만약 창을 닫고 그냥 나가게 되면 시스템을 종료할 때 업데이트가 진행됩니다.

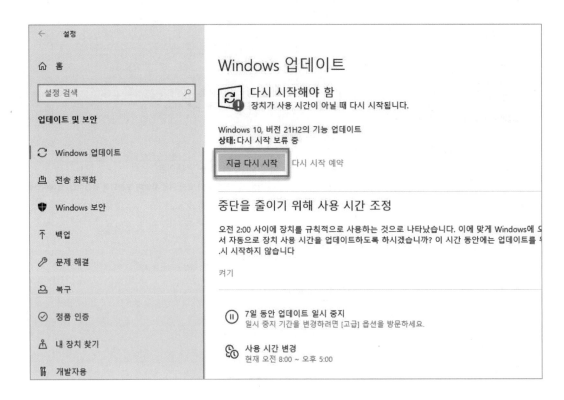

06 지금 다시 시작을 누르지 않으면 시작을 누르고 전원을 누른 후 업데이트 및 종료 또는 업데이트 및 다시 시작을 눌러야 합니다.

01 시작 - 설정을 차례대로 누른 후 **시스템**을 클릭합니다.

02 왼쪽 카테고리에서 **알림 및 작업**을 클릭한 후, **알림**을 끕니다.

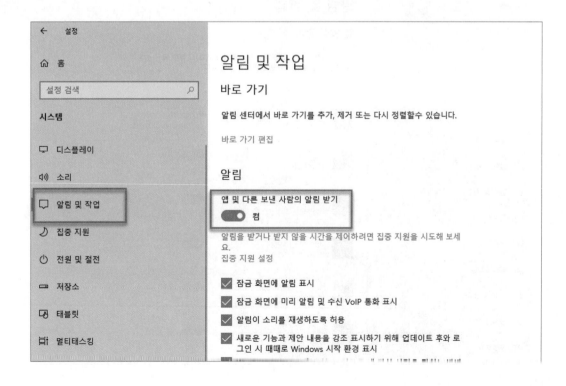

03 아래의 체크된 항목도 모두 체크를 해제해 줍니다. 알림들이 오히려 불편해지고 속도를 늦게 만들어 주기도 합니다.

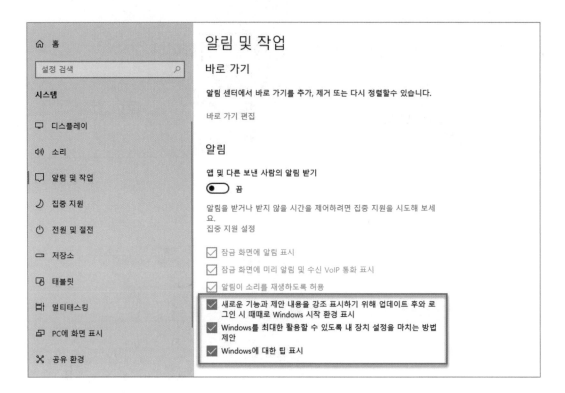

04 앱 알림 받기가 모두 해제되었습니다.

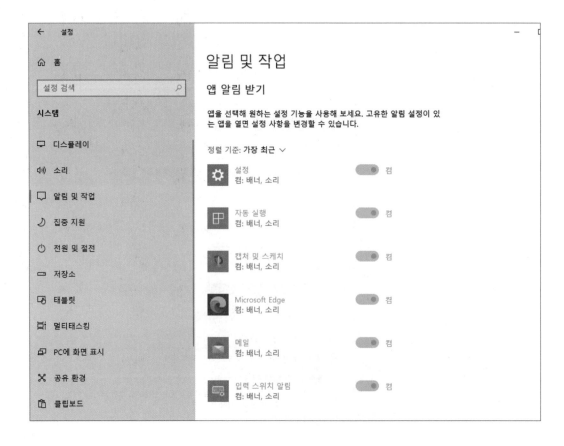

05 알림 센터에 불필요한 바로 가기를 제거 또는 정렬하기 위해 **상단으로 이동**한 후 **바로 가기 편집**을 클릭합니다.

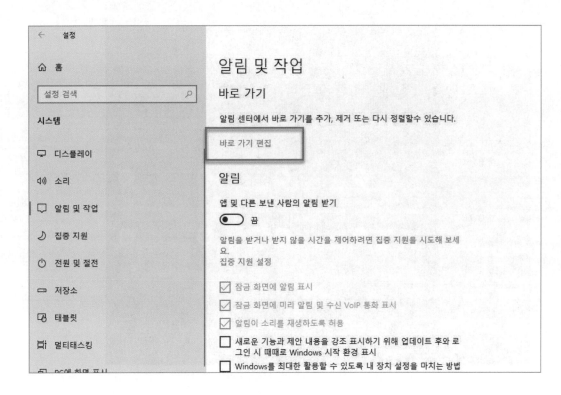

06 바로가기 편집 창이 화면 오른쪽 하단에 보이면, VPN 항목의 압정을 클릭해서 **제거**합니다.

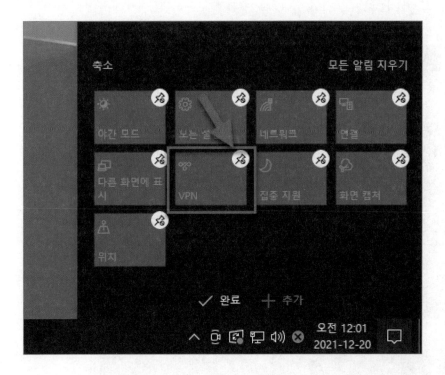

07 **네트워크** 항목을 처음 알림센터로 이동하기 위해, 네트워크에 마우스를 올려 놓고 드래그를 처음 위치로 해 줍니다.

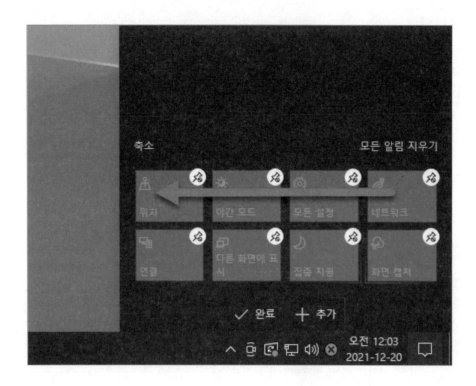

08 알림센터의 바로 가기를 편집해 보았는데, 제거된 알림 버튼은 다시 **+추가**를 클릭해서 추가할 수 있습니다. 여기서는 필요가 없으므로 **완료**를 눌러서 바로 가기 편집을 끝냅니다.

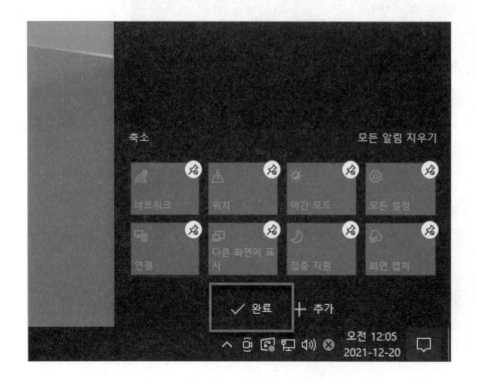

09 모든 알림을 지우기 위해서 알림창(시스템 트레이)의 **알림(말풍선)**을 클릭합니다.

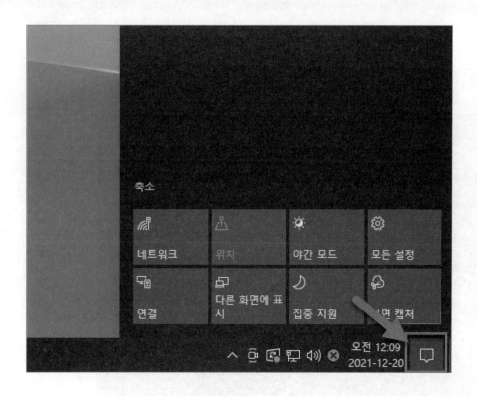

10 바로 가기 버튼 위에 있는 **모든 알림 지우기**를 클릭하면 알림창에 있는 목록들이 모두 지워집니다.

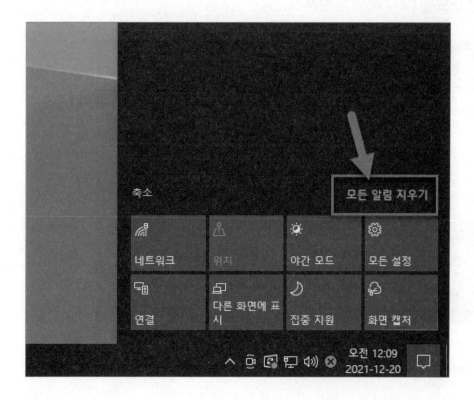

① 알림창을 클릭한 후 야간 모드로 설정해 보세요.

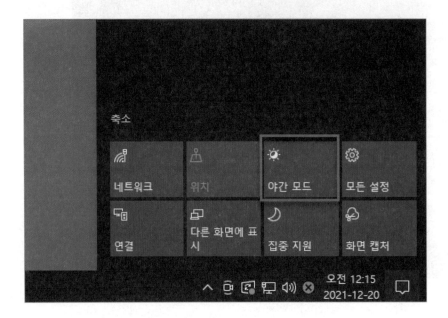

② 야간 모드를 다시 해제해 보세요.

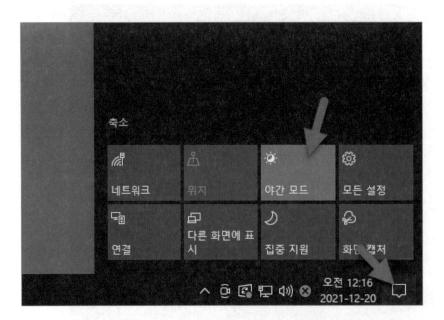

③ 설정에서 **앱 알림 받기**를 모두 설정해 보세요.

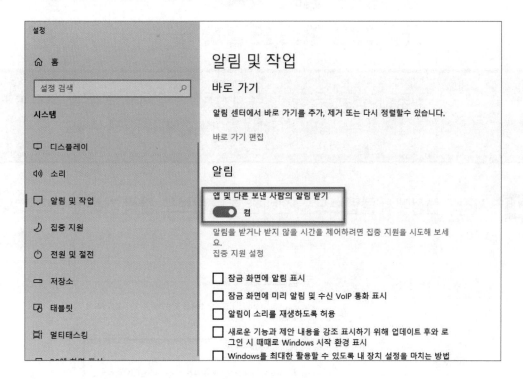

④ Windows 보안에서 실시간 보호를 켬을 끔으로, 끔은 켬으로 변경해 보세요.

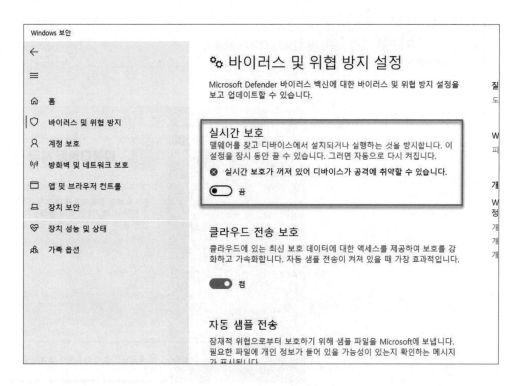

클립보드 검색 기록과
타임라인 설정 변경하기

윈도우10은 클립보드를 여러 개 사용할 수 있어서, 효과적인 복사/붙여넣기 작업을 할 수 있습니다. 아래와 같이 설정해서 사용해 보세요.

01 **시작 - 설정**에서 **클립보드**를 선택한 후 **클립보드 검색 기록**을 켬으로 변경합니다.

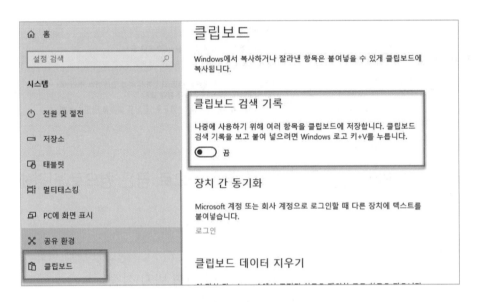

02 윈도우 로고 키 + V 를 누르면 클립보드 창이 나오게 됩니다.

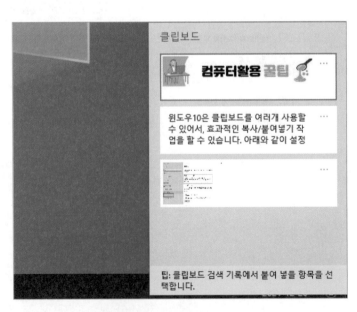

03 지금 윈도우 로고 키와 `Tab`을 함께 눌러서 타임라인을 확인해 보세요. 작업 했던 내용이 그대로 나옵니다.

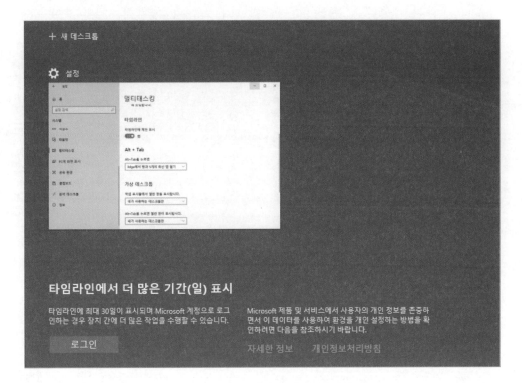

04 **시작 - 설정**의 **멀티태스킹**에서 **타임라인**을 끕니다.

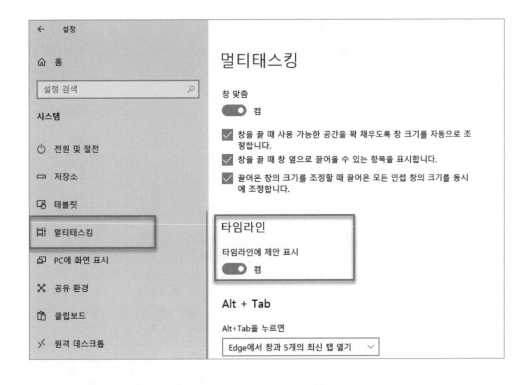

MEMO

MEMO